대한민국에서
공무원으로
산다는 것

서점순의 배신, 그 양면성의 패러독스

대한민국에서 공무원으로 산다는 것

이진수 지음

미다스북스

대한민국에서 공무원으로 산다는 것

공무원이 된 지 20년 하고도 몇 년이 더 흘렀다. 젊은 시절을 공직에 몽땅(?) 쏟아부은 셈이다. 무슨 아름다운 계기가 있어서 공무원이 된 것은 아니었다. 대학생활이 끝나가고 있을 80년대 말 엉뚱하게도 공시족이 되었다. 시대는 혼란했고 나는 모호했다. 이도 저도 아닌 회색인간으로 살았다. 무기력감이 따라붙었다. 그런데 몇 년을 삭혀진 무기력감은 뜨거움으로 둔갑했다.

그게 다는 아니었다. 마음속 깊이 응어리가 있었다. 중학교 시절로 거슬러 올라간다. 어느 봄날이었다. 학교에 갔다 오니 집이 없어졌다. 집을 잘못 찾아왔나 해서 주변을 두리번거렸다. 집이 몇 채 안 되는 시골 마을에서 그럴 리가 없었다. 그때의 심정은 말로 할 수 없었다. 말은 아무것도 아닐 수도 있다는 생각을 처음으로 했다. 집과 함께 마음도 무너져버렸다. 아무리 무너져 내려도 바닥이 보이지 않았다. 뿌리째 뽑히는 느낌이랄까. 그것도 부모님의 마음에 비하면 대단한 게 아니었다. 신도시 계획이 발표되면서 시골은 없어져야 했다. 집을 철거하라는 계고장이 여러 차례 날아들었다. 하지만 그곳에서 평생 농사만 지어오시던 부모님이 할 수 있는 건 없었다. 부모님께 집은 모든 것이었으리라.

시골집은 안방과 건넌방 그리고 사랑방이 ㄷ자 형태를 이룬 가운데 안뜰에는 우물, 뒤뜰에는 장독대, 대추나무와 참죽나무로 울타리를 두르고 대문이 버젓이 있는 집이었다. 여름에 두레박으로 퍼 올린 우물물과 등을 대고 대大자로 눕는 대청마루는 시원함의 진수였다. 제법 너른 앞마당은 아이들의 놀이터이면서 농작물을 말리거나 타작하는 일터였다. 곳간 옆에는 외양간이 있고 뒤뜰에는 닭장과 토끼굴이 있어 소와 닭과 토끼가 가족처럼 한집에 살았다. 그런 집이 한순간에 무너져 내렸다. 안에 있던 살림살이는 쓰레기가 되어 나뒹굴었다. 우물물은 흙빛으로, 나무와 꽃과 풀은 잿빛으로 변했다. 닭과 토끼는 사라졌다. 생기는 수거되고 생명은 거세되었다. 모든 게 비현실적이었다. 이웃은 포크레인으로 몇 번 쳤을 뿐이라고 했다.

　그 일은 내 마음속 깊이 터를 잡았다. 그리고 보이지 않는 손처럼 나를 원격조종했다. 대학생활이 끝나갈 즈음 솟아오른 뜨거움을 오기가 뒷받침했다. 말하자면 '당신들이 내 가족과 나를 망가뜨렸으니 내가 기꺼이 당신들 속으로 들어가 본때를 보여주겠다.' 같은 거였다. 어설픈 보복심 같기도 했다. 오기는 강력한 엔진이었다. 밥 먹는 시간만 빼고 공부에 매달렸다. 일단 앉으면 일어서기를 잊었다. 지독하다는 말을 들었다. 소화불량과 요통을 달고 살았다. 칼바람이 도서관 창문을 할퀴어대는 겨울의 쓸쓸함과 아지랑이 솟는 봄날의 알 수 없는 허전함을 견디기 힘들었다. 고독은 차라리 달콤했다. 3차 면접에 떨어지는 일을 겪고도 재기에 성공했다. 운을 탓하던 나는 운이 좋았다.

　막상 공무원 생활이 시작되자 나는 또 다시 무력감에 빠졌다. 톱니바퀴처럼 돌아가는 거대한 조직 안에서 뭘 바꾼다는 건 계란으로 바위 치는 격이었다. 본래 천성이 비겁한 탓도 크다. 기존의 것들을 깨고자 했지만 너무 견고했다. 문서를 없애자고 했다가 그 계획과 실적을 끊임없이 문서로 받아야 했다. '야자타임'을 도발(?)했다가 질서 파괴자로 거론되었다. 직원들과 자주 만났더니 직거래 중독자가 되었다. 술을 못하니 일을 못하는 게 되었다. 혼자 밥을 먹었더니 조직 부적응자가 되었다. 앞머리를 내렸더니 불만세력으로 찍혔다. 청바지를 입었더니 자유로운(?) 영혼이 되었다. 두더지 게임의 두더지 같았다. 뭔가 하려고 하면 여지없이 방망이가 날아들었다.

몸에 맞지 않는 옷을 입는 느낌이었다. 시시때때로 그만두고 싶었지만 비겁한 혈통임을 확인할 뿐이었다. 포기와 자책의 연속이었다. 공무원이면서도 공무원이기를 거부했다. 마음속 깊은 곳의 응어리가 원격조종을 멈추지 않았다. 그러다가 병을 얻었다. 생전 처음 수술대에 올랐다. 살집이 많지 않던 몸에서 10kg이 넘게 빠져나갔다. 직장에서 병자로 취급되었다. 병자는 군대의 고문관처럼 '열외' 인생이었다. 원래 술이 안 맞는 체질인데도 사람들은 병자라서 술을 못 마신다고 여겼다. 서서히 고립되는 가운데서도 건강은 회복되어갔다. 용케 승진도 했다.

어느덧 공무원 생활이 얼마 남지 않았다. 조급함이 든다. 퇴직할 때 조금이라도 덜 후회하려면 뭔가 일(?)을 벌여야 하지 않나. 선배가 되었으니 후배에게 할 말이 없을 리 없다. 그런데 그럴 만한 자격이 있을까. 80년대, 돌 한 번 시원하게 던져본 적 없는 자다. 공연히 용기있는 척하는 것 아닐까. 또 한 명의 꼰대로 기록되는 것 아닐까. 고민이 많다. 그런 조급함과 고민 속에서 이 글을 쓴다.

대한민국에서 공무원으로 사는 건 어떤 것일까? 공무원에 대한 선호는 높아가는데 현실은 녹록치 않다. 월급은 기대만큼 많지 않다. 야근은 상습적이고 주말 근무는 반복적이다. 조직은 '아니오.'라는 말을 망각하고 있는 듯하다. 정치권력은 하수인이기를 원하는 듯하다. 민원은 어찌된 일인지 거세져만 간다.

더 어려운 건 밖이다. 메가톤급 사건 사고가 사회 전체에 휘몰아친다. 변화를 요구하는 민심이 거대한 해일이 되어 공직사회를 덮친다. 그나마 부패의 동조자 내지 변화의 억지자로 간주되는 건 낫다. 이제 같이 하지 못할 거면 뒤로 물러서라고 한다. 존재감마저 희미하다. 좋은 날은 갔다. 화려한 전설은 몰락 중이다. 속상한 일이 아닐 수 없다. 무기력감이 보아뱀처럼 공직사회를 휘감는다. 그런데 무기력감은 역설적으로 출구다.

정치권력이 5km 단축 마라톤을 뛴다면 공무원은 42.195km 풀코스를 뛰는 사람이다. 정치권력이 뜨겁다면 공무원은 차가워야 한다. 뜨거운 열정은 받아들이되 냉정한 마음으로 따질 것은 따져야 한다. 풀코스 러너라면 단축 마라토너가 갖기 어려운 장기적 안목을 보여줘

야 한다. 그게 공직자다. 그렇지 못하다면 영혼이 없는 거다. '늘공_{늘 공}
_{무원}'이 '어공_{어쩌다 공무원}'만 바라보면 늘공은 배반자가 되고 어공은 광폭
한 자가 된다. 또 어공이 늘공을 하수인으로 보면 늘공은 고민을 포기
하고 어공을 망친다. 늘공은 실력과 안목으로 어공은 결단과 절제로
하모니를 이뤄야 한다. 감히 그 길을 이야기하고 싶다.

차례

Ⅲ 행정 외부 : 넘어야 할 봉우리

Ⅳ 새로운 영토의 개척

어느덧 공무원 생활이 얼마 남지 않았다. 조급함이 든다. 선배가 되었으니 후배에게 할 말이 없을 리 없다.

그런데 그럴 만한 자격이 있을까.
또 한 명의 꼰대로 기록되는 것 아닐까.
그런 조급함과 고민 속에서 이 글을 쓴다.

I

공직,
그 양면성의
패러독스

1. 공무원, 그들은 누구인가?

"사람은 태어나는 순간부터 두 경향, 하나는 빛 속으로 나아가려는 경향과 또 하나는 자궁 속으로 퇴행하려는 경향, 하나는 모험하려는 경향과 또 하나는 확실성을 구하는 경향 사이에서 갈팡질팡하고 있다."[1]

공무원은 별종인가? 보통 사람과 다른 유전자의 소유자인가? 규정과 절차를 신처럼 모신 채 거기에만 매달리는 못 말리는 인간일까?

한국사회에서 공무원에 대한 평가는 다양하다. 때로는 서로 충돌하기도 한다. 경제개발의 주역이나 국민의 보루인가 하면 무사안일의 상징이거나 비위 혐의자이기도 하다. 최근에는 민심에 눈길을 돌리기 시작한 그럭저럭 괜찮은 집단인가 하면 사회변혁을 가로막고 기존의 질서를 연장시키려는 음모 집단이기도 하다.

공무원의 과거는 자못 화려하다. 무엇보다 산업화의 주역이었다. 민간이 충분히 성장하지 못했을 때 역사의 수레바퀴를 앞장서서 끌었

---

1) 에리히 프롬, 『인간의 마음』, 문예출판사, 2010, pp. 168~169.

다. 박봉에도 소명감 하나로 버텼다. 사회 최고의 엘리트 집단으로 인정받았다. 외국의 벤치마킹 대상이었다. 오직 조국과 민족을 위해 일할 것을 강요받기도 했다. [2] 어찌 되었든 신화 같은 압축 성장의 한 축이었다.

또한 자신의 몸을 아끼지 않고 국민에게 봉사했다. 숱한 사례가 미담이나 전설로 존재한다. 불난 집에 갇혀 있던 할머니를 등에 들쳐 업고 나온 복지 공무원, 기초생활수급자 집의 수도관 누수를 직접 고쳐준 수도사업소의 직원, 외국 출장 비행기 안에서 응급환자를 구한 보건소 직원, 모르는 분에게 간을 기증한 공무원, 퇴근길에 심정지 행인을 구한 소방관, 상금에 월급까지 보태 장학금으로 내놓은 경찰 공무원 등. 화재를 진압하거나 전염병을 막다가 목숨을 잃기도 했다. [3] 세계인명사전에 등재된 경우도 있다.

"오랜 권위주의 정권을 경험한 한국의 진보와 보수는 모두 공무원

---

2) 조선일보, 비트코인보다 더 폭락한 '장관 가격', 2018.1.16. 김학렬 전 경제부총리는 국 과장에게 "버스 삯 15원을 줄 테니 한강으로 가서 생각해봐. 조국과 민족을 위해 한 일이 있는가. 없다는 생각이 들 거야. 그러면 뛰어내려."라고 했다.
3) 서울신문, "6년 137명 과로사…….무너진 '신의 직장'", 2017.10.17. 2010년 말부터 2011년 초에 걸쳐 창궐했던 구제역을 방제하는 과정에서 8명의 공무원이 순직한 바 있다.

들을 일방적 희생을 강요하는 '머슴' 아니면 '차갑고 권위적인 관료'로만 상정해왔다. (……) 공무원은 '미담'의 주인공들도 충성스러운 '머슴'도 아니다. 그들은 우리 공동체를 함께 가꾸어가는 '동료시민'이어야 한다."[4]

그럼에도 공무원에 대한 평가는 대개 부정적이다. 가렴주구에 앞장선 아전[5], 잡히지도 않은 청어를 공납 물품으로 지정한 조정 대신들[6], 근무 시간에 고스톱 판을 벌인 공무원[7], 뇌물을 김치통에 담아 집 마당에 파묻은 공무원[8], 기간제 근로자들을 사적인 일에 강제 동원한 공무원[9] 등 끝이 없다. 왕조시대와 일제 강점기에는 물론 현대에도 이런 이미지가 사라지지 않는다. 공무원이 뇌물을 받는 일이 줄고 일

---

4) 경향신문, "공무원, '머슴' 아닌 '동료시민'", 2016.7.19.

5) 박석무, 『다산 정약용 평전』, 민음사, 2014, pp.229~231. 아전이 농간을 부려 200냥 거둘 것을 900냥이나 거두자 이계심을 우두머리로 농민 1천여 명이 관청에 들어와 항의한다.

6) 류성룡, 『징비록』, 홍익출판사, 2017, pp. 296~298. 조선의 조정 대신들은 함경도에서 잡히지도 않는 청어를 공납 물품으로 받았다. 현실과 민생을 외면한 정책 사례로 60년이 지나서야 실태 파악에 나서 사실을 알게 되었다.

7) 문화일보, "가뭄 비상에……근무시간에 고스톱 친 공무원", 2017.6.20.

8) 서울신문, "김치통 돈다발에 묻은 양심……독이 된 해바라기 공무원", 2017.11.12.

9) 경향신문, "'기간제 노동자들 수년 간 사적 업무 시켜'……대구 시민단체 "갑질 중구 공무원 해임 촉구"", 2018.5.8.

처리도 빨라지고 늦게까지 일을 하는데도 그렇다.

공무원을 두고 비아냥거리는 말이 적지 않다. 직업 안정성이 지나치다고 '철밥통', 날개는 있으되 날지 못해서 '새(鷄)', 그 속을 알기 어렵다고 '크렘린', 인사권자나 상관만 바라본다고 '해바라기', 상관의 지시에 무조건 따른다고 '예스맨', 정부의 관리 아래 있는 품질 낮은 쌀 같다고 '정부미', 권력이나 지위가 높다고 '나리', 최말단에서 시작한다고 '다다까이', 세금 축내는 인간이라고 '세금충', 요리조리 회피한다고 '뺀질이' 등이 있다.

공무원에 대한 인식은 극적으로 바뀌기도 한다. '하는 일도 없이 국민 세금을 축내는 관료'로 비난을 받다가 '알고 보니 감동을 줄 수 있는 인간'으로 극적으로 바뀔 수 있다. 빌 클린턴 미국 전 대통령은 공무원 집단을 자주 맹비난하곤 했다. 그러다가 1995년 4월 '오클라호마 시 폭발 사고' 이후 그는 실제로 감동을 받아 미국인들에게 공무원들도 같은 인간이라는 점을 일깨우고, 다시는 '관료'라는 표현을 사용하지 않겠다고 약속했다. [10]

---

10) 데이비드 그레이버, 『관료제 유토피아』, 메디치, 2016, p.27.

공무원 사회가 기회주의적 속성을 갖고 있다는 비판은 신랄하다. 문제가 터지면 이를 몸집 늘릴 기회로 삼는다. 문제를 해결해야 한다는 명분을 내세워 제2, 제3의 부서를 만들고, 직급을 높이고, 인력을 늘리면서 비대해지는 게 관료주의라는 것이다. 심지어 민주주의의 적은 공산주의가 아니라 바로 관료주의라고 한다.[11]

그런데 상황은 점점 나빠지고 있다. 단순히 비위나 무사안일의 차원이 아니다. 최근에는 변화에 동참하지 않으려면 차라리 그냥 뒤로 빠지라고 한다. '공무원 패싱'이다. 존재감 상실이야말로 치명적이다. 나서면 방해꾼이 되고 물러서면 방관자가 되는 가련한 처지가 되었다. 산업화에 기여했다고 자부하던 공무원은 역설적으로 산업화의 결과로 위기에 처하게 되었다. 이래도 지고 저래도 지는 게임이다lose-lose game. 이쯤 되면 공무원의 몰락에 가깝다.

이런데도 공직에 대한 선호는 오히려 높아지고 있다. 주된 이유는 정년이 보장되어 생애소득이 높고 민간에 비해 근로 조건이 더 좋기 때문이다.[12] 공무원에게 손가락질 하는 사람도 자신의 자녀가 공무

---

11) 중앙일보(김광웅), "민주주의의 적은 공산주의가 아니라 바로 관료주의", 2017.1.5.
12) 매일경제, "이유 있는 공시 열풍, "박봉은 옛말, 좋은 건 다 누려"", 2018.4.6. 공무원의

원 시험에 합격하면 어깨에 힘을 준다. 심각한 취업난을 겪고 있는 청년에게 공무원은 몇 안 되는 괜찮은 일자리다. 아무리 기성세대가 청년이 안정된 직장만 찾는다고 비난을 퍼부어도 그들에게는 절실한 일자리다. 청년은 자신들의 처지를 헤아려주지 못하는 기성세대에 대해 '존경respect'을 철회한 지 오래다.

한편 막상 시험에 합격해 공무원이 된 이들은 고전을 면치 못한다. 치열한 게임에서 살아남았지만 안도감을 오래 즐기지 못한다. 국민의 요구는 너무 크고 어른만 많고 월급은 의외로 적다고 하소연한다. 한 네티즌의 지적은 뾰족하다. "공무원 친구들도 힘들어 보이던데. 안정성이 보장돼 있는 곳이긴 하지만, 조직 자체가 보수적이고 꼰대들도 엄청 많고, 진급하려면 정치도 많이 해야 하고…… 월급도 생각보다 너무 적고[13]…… 안정적인 거 빼면 별 볼 일 없어서…… 합격하고 나서도 만만한 직업이 아님."jjuk****[14]

퇴직 연령은 56~59세로 대기업의 52세보다 높다.

13) 공무원 평균 월급은 2018년 기준 522만 원(세전)으로 대기업의 726만 원, 중소기업의 326만 원의 중간 정도다. 여기에서 공무원은 일반직뿐 아니라 장 차관 등 정무직과 법관 검사 외교관 등도 포함한다. 일반직만은 490만 원이다.

14) 매일경제, "9급 공무원 5천 명 뽑는데 15만 명 몰려'에 대한 네티즌 의견 중 하나", 2018.4.12.

시대는 특히 청년에게 잔인하다. 기회는 오랜 가뭄에 시달린 강줄기처럼 말라붙었다. 소박한 행복조차 꿈꾸기 버겁다. 그들에게 공무원은 꽃길을 걷는 자들이다. 꽃길까지는 아니라면 숲길쯤은 된다. 숲길도 아니라면 최소한 무난히 걸을 만한 길은 된다. 우리 사회에서 '정년까지 일할 수 있는 사무직'의 희소가치는 공무원의 생각보다 훨씬 크다.

"남편이랑 나랑 둘이 합쳐서 한국 돈으로 1년에 3천만 원 벌어도 돼. 집도 안 커도 되고, 명품백이나 뭐니 그런 건 하나도 필요 없어. 차는 있으면 좋지만 없어도 돼. 대신에 술이랑 맛있는 거 먹고 싶을 때에는 돈 걱정 안 하고 먹고 싶어. 어차피 비싼 건 먹을 줄도 몰라. 치킨이나 떡볶이나 족발이나 그런 것들 얘기야……." [15]

서구의 역사는 개인 성장의 역사다. 근대 이후 꾸준히 성장한 개인이 사회계약에 기초해 국가의 성립을 받아들인다. 이와 달리 동양사회는 국가나 집단이 개인을 압도한다. 개인의 발견이라는 기회를 갖지 못한 가운데 뭘 하든 국가가 중심이 된다. 경제개발, 사회 개혁, 민주주의 도입 등 어느 것이든 집단주의는 맥주 거품처럼 흘러넘쳐 개

---

15) 장강명, 『한국이 싫어서』, 민음사, 2017, p.152.

인을 적신다. "'개인주의'라는 말은 집단의 화합과 전진을 저해하는 배신자의 가슴에 다는 주홍글씨다." [16] 같은 민주주의 국가라고 하더라도 그 의미와 맥락은 동서양이 사뭇 다르다. 그런데 동양사회에서도 서양식 교육을 받은 개인이 뒤늦게 성장하면서 국가와 충돌하기 시작했다. [17] 개인이나 민간은 국가에게 이제 뒤로 물러나라고 한다. 국가의 주요한 한 축인 공무원 또한 이러한 요구에서 자유롭지 못하다.

  오늘날 공무원은 정체성의 혼란에 빠져 있다. 공무원을 택한 이유는 공직이 고상해서가 아니라 그저 생존하기 위해서다. 사명감이 클리 없다. [18] 산업화 시대처럼 신화 창조자가 될 마음은 처음부터 없다. '그냥 직장인'이다. 국가나 민족을 모르는 바 아니지만 그에 못지않게 자신이 중요하다. '짬밥'깨나 먹은 축이라고 헷갈리지 않는 것은 아니다. 사명감으로 뭉친 선배들과 '그냥 직장인'인 후배들 사이에서 샌드

---

16) 문유석, 『개인주의자 선언』, 문학동네, 2018, p.25.

17) 평창 동계 올림픽 당시 여자 아이스하키 남북단일팀 구성에 대해 청년들은 민족이나 국가 때문에 개인의 기회가 침해되어서는 안 된다는 생각을 보여준다. 이들은 진보 진영의 민족통일에도 보수 진영의 애국에도 관심이 없다.

18) 한국경제, "공시생 44만명 시대", 2018.4.9. 공시생을 대상으로 한 조사에서 공무원 시험을 준비하는 이유로 '국가봉사'는 2.9%에 그쳤으며 '직업 안정성'(54.5%)을 제일로 꼽았다.

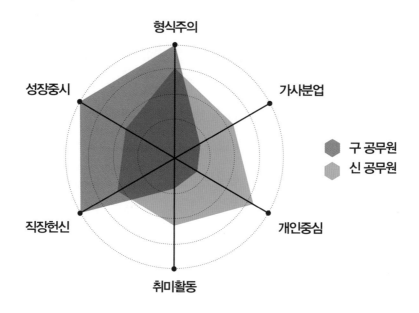

공무원의 세대별 가치관 분화 (표 1)

위치 신세가 되었다. 후배들이 마음에 다가오지 않는다. 그러나 그들에게 옛 이야기를 꺼냈다가는 자칫 꼰대로 몰리기 쉽다. 선배들의 뒷모습을 본 경험은 후배들 앞에서 짐이 된다. 속으로 '너희들도 선배 되어봐라.'며 소심한 반격을 시도할 뿐이다. 게다가 정치권력은 위세를 더하고 언론은 더 끈질겨졌다. '공무원 패싱passing'을 목격하고 자존심에 상처를 입는다. "아이고! 나도 모르겠다."는 말이 툭 튀어나온다.

(표 1)에서 보듯 두 계층의 가치관은 대조적이다. 겹치는 부분도 많지 않다. 구 공무원이 극단적으로 치우쳐 있다면 신 공무원은 그것보다는 균형적이다. 성장을 중시한 구 공무원은 무엇보다 직장에 몰입한다. 거기에 개인과 가족은 없다. 반면 신 공무원은 개인을 중시한다. 비교적 취미활동에 관심이 많다. 그러나 형식주의에서 완전히 벗어나지 못하고 있으며, 남자 공무원의 경우 가사분업에도 충분히 적극적이지 못하다. 신. 구 공무원의 구분은 다소 무리가 있지만 IMF위기 때 사회에 진출하기 시작한 1970년 초반 출생자를 기준으로 한다. 물론 반드시 나이에 따라 구분되어야 하는 것은 아니다.

사정이 이러니 '굿이나 보고 떡이나 얻어먹겠다.'는 거냐는 오해를 받을 만도 하다. 그렇다고 차려진 밥상에 수저나 올려놓겠다는 생각은 없다. 무기력하지 않다. 포기한 적도 없다. 쓰나미처럼 밀려오는 민원과 폭포처럼 떨어지는 지시 속에서 어떻게든 방책을 찾을 궁리를 한다. 그냥 직장인처럼 보여도 어려운 사람이나 재난 앞에 서면 언제 그랬나 싶을 정도로 사명감이 생긴다. 기회주의적 측면도 있지만 헌신적인 봉사의 자세도 없지 않다. 정치인보다 더 정치적이기도 하지만 정치적 중립을 잃지 않으려 한다. 기묘한 양면성을 보인다. 공무원만 탓할 일은 아니다. 사회도 거들었다.

2017년 WEF세계경제포럼가 발표한 국가경쟁력 평가 중 한국 정부와 관련된 지표를 보면 갈 길이 멀다. 137개국 중 공공자금의 전용 58위, 비정상적 지급 및 뇌물 45위, 공무원 의사결정 편파성 81위, 정책결정의 투명성 98위를 차지했다. [19] 특히 정책이나 의사의 결정에 있어서 공정성이 크게 미흡한 실정이다. 이는 공무원의 양면성과 정치사회 세력들 간의 야합이 만든 합작품일 가능성이 높다.

"세상이 참 많이 바뀌었다. 하지만 그 안의 소소한 규칙이나 약속이나 습관들은 크게 바뀌지 않았다. 그래서 결과적으로 세상은 바뀌지 않았다." [20]

사람들은 공무원이 예전에 비해 많이 바뀌었다고 생각하면서도 결과적으로 바뀐 것이 별로 없다고 여긴다. 공무원이 바뀌고 있는 건 사실이다. 경쟁률이 치열해지면서 학력도 좋아지고 여성의 비율이 높아지고 있다. 성과 중심으로 일하려 하고 남성 중심 문화도 덜어내려 한다. 하지만 가만히 들여다보면 공무원들의 마음과 일하는 방식은 예전과 비슷하다. 바뀐 건 스펙, 구호, 이미지, 말, 법이다. 그래서 바뀐

---

19) 중앙일보(김재훈), "공무원 정년보장 폐지하고, 성과급제 도입해야", 2017.12.5.
20) 조남주, 『82년생 김지영』, 민음사, 2016, p.132.

것처럼 보이는 공무원은 크게 바뀌지 않았다. 사람들은 점점 공무원은 고작해야 혁신의 조력자가 될 뿐이라고 생각한다. 슬픈 얘기지만 대개는 혁신의 방해꾼으로 보는 탓이다.

  그동안 공무원을 지켜주던 온실은 폭풍에 통째로 날아갔다. 예전에는 아무리 비바람이 몰아쳐도 온실 안에만 있으면 되었다. 허허벌판에는 몸을 숨길 언덕조차 보이지 않는다. 세상에 나온 이상 자궁 속으로의 퇴행이 불가한 것처럼 들판에 나앉은 이상 관료주의로의 후퇴는 가당치 않다. 그렇다고 다시 신화 창조자가 되기도 어렵다. 시대도 공무원도 바뀌었다. 남은 길은 무엇일까. 공무원은 마라톤 풀코스 러너다. 우선 긴 안목과 전문적 식견으로 무장할 일이다. 그리고 변화에 기꺼이 참여함으로써 '공무원 패싱'을 막아야 하지 않을까. 극단으로 치닫곤 하는 사회의 폭주를 잡아주는 균형추가 되든가, 사회의 흐름을 어떻게든 쫓아가서는 사회 발전의 마중물이 되든가, 민간이 하는 게 나은 업무는 과감히 넘기고 잘할 수 있는 업무에만 집중하든가 해야 하지 않을까. 이제 스스로 할 것이냐, 당할 것이냐를 결정해야 한다 To do or to be done, that is the question..

2. 영혼은 있는가?

"이건 엄숙한 약속이다! 내가 순간을 위해 멈추어라! 너 정말 아름답구나! 라고 말한다면, 그땐 자네가 날 결박해도 좋아. 나는 기꺼이 파멸의 길을 걷겠다!"[21]

'온갖 지식에 구역질을 느낀 지 오래된' 파우스트는 영혼, 욕망, 명성, 재물, 신앙, 인내심 등 세상의 모든 것들을 저주한다. 그리고 악마 메피스토텔레스에게 미지의 세계를 보여달라고 한다. 메피스토텔레스가 '어떤 인간도 구경하지 못한 것들을' 보여주겠다고 하자 파우스트는 자신이 "멈추어라! 너 정말 아름답구나!"라고 말하게 되면 자신은 기꺼이 파멸의 길을 가겠다고 약속한다. 둘 간의 거래가 성립한다.

도리언 그레이는 한술 더 뜬다. 새로운 것을 맛보기 위해 시험 삼아 악마에게 영혼을 넘긴 파우스트와는 달리 도리언 그레이는 젊음을 유지하는 대가로 아예 영혼을 팔아버린다.

"나는 언제까지나 젊은 모습 그대로 남아 있고, 그림이 나 대신 점

---

21) 요한 볼프강 괴테, 『파우스트 1』, 민음사, 2011, pp.95~96.

점 나이를 먹는다면 얼마나 좋을까요! 그렇게만 된다면, 그렇게만 된다면, 난 무슨 짓이든 할 거예요! 그래요. 그럴 수만 있다면 온 세상을 다 뒤져서라도 무엇이든 가져다 바치겠어요! 그렇게만 할 수 있다면 내 영혼이라도 바칠 거예요!"[22]

공무원에게 영혼이 있어야 하는지에 대해 말들이 많다. 특히 정권이 바뀔 때면 더욱 그렇다. 영혼의 사전적 의미는 육체에 깃들어 마음을 움직이게 하고 생명을 부여한다고 여겨지는 비물질적 실체이다. 또는 정신과는 구별되는 일종의 생명의 원리이다. 이처럼 영혼은 마음이나 정신보다 근본적인 것으로 생명을 이끄는 원천적인 힘 같은 것이다. 여기에서 종교적 의미는 거론하지 않기로 한다. 사람은 누구나 자신만의 영혼을 갖고 있으며 그것으로 하나의 독립적인 인격체가 될 수 있다. 따라서 영혼이 없다는 것은 삶을 주체적으로 살아가지 못한다는 것을 뜻한다. 쉽게 말해 알맹이는 없고 껍데기만 있는 것이다.

막스 베버는 관료에게는 영혼이 없다고 말한다. 그가 강조한 것은 공무원의 전문성으로 감정이나 편견에 휘둘리지 말고 전문성에 의존해 일해야 한다고 한 것으로 전해진다. [23] 불행하게도 우리의 현실은

---

22) 오스카 와일드, 『도리언 그레이의 초상』, 예담, 2010, p.54.

23) 그러나 그의 저서(프로테스탄트 윤리와 자본주의 정신)에서 그런 말을 찾을 수 없다.

거꾸로다. 이명박 정부 출범 직전 국정홍보처 한 공직자가 "우리는 바람보다 빨리 눕는 영혼 없는 공무원입니다."라고 말한 것이 이를 대변한다. 상명하복의 문화와 상관에 의한 인사 평가 때문이라는 지적이 있다. 무엇보다 정치권력의 일방적 일처리와 공무원의 이기적 처신이 악순환의 고리를 형성한 탓이다. 산전수전에 공중전까지 겪은 공무원의 "영혼이 있느니 없느니 신경 쓸 거 없이 표 나지 않게 적당히 기어라."는 말에 이르면 슬프기까지 하다.

공직사회의 개혁이 절실하지만, 그렇다고 공무원을 사회변혁을 가로막는 반동 세력으로 몰아붙이면 당장은 국민의 박수를 받을 수 있을지 모르지만 공무원은 동기부여를 잃은 채 '예스맨'이나 '버블헤드'[24]로 변신하게 된다. 피해는 국민에게 돌아간다. 동기부여가 되지 않으면 최소한의 일만 하게 된다. 누구든 어느 시대든 마찬가지다. 조선시대에 "하위계층 사람들은 매우 충분한 이유로 인해 '늑대가 대문 안에 들어오는 것을 막을 수 있을 정도' 이상으로는 열심히 일하지 않는다."[25]

---

24) 에릭 슈미트 등, 『구글은 어떻게 일하는가』, 김영사, 2014, pp. 223~4. 버블헤드는 예스맨과는 달리 회의장을 나오자마자 방금 전까지 지지하던 태도를 바꾸고 불평을 늘어놓거나 투덜대는 역겨운 경향이 있다.
25) I.B. 비숍, 『조선과 그 이웃나라들』, 집문당, 2000, p.423.

안타깝게도 정치권력이나 공무원 집단은 단기적인 이득에 집착한 채 '일방적으로 밀어붙이는 자'가 되거나 '진지한 검토 없이 받아들이기만 하는 자'가 된다. 정치권력은 자신들의 임기 내 기간4년 또는 5년에만 관심을 둔다. 임기 후에 벌어질 일에 대해서는 애써 모르는 체 한다. 물론 미래를 걱정하는 정치적 수사를 쉴 새 없이 내뱉긴 한다. 좋은 정책이나 사업이라도 자신의 업적이나 브랜드가 되지 않는다고 판단하면 이를 받아들이기보다는 비판에 골몰하거나 아예 사장시키려고 한다. 그들이 정책이나 사업을 추진함에 있어서 가장 중요하게 여기는 잣대는 권력의 재창출에 유리한지 아닌지의 여부다.

공무원의 책임도 정치권력의 그것에 비해 적지 않다. 공무원도 승진이나 영전에만 관심을 두는 탓에 뒷일을 걱정하지 않기는 마찬가지다. 30년 정도를 근무하게 되는 공무원 입장에서 장기적 관점을 연마할 필요가 있는데도 정치권력의 눈치를 보면서 눈앞의 이익만 좇는다. 공무원은 정치권력의 일거수일투족에 실시간으로(?) 의미를 부여하며 자신의 유불리를 계산한다. 정책을 분석하는 능력보다 정치권력을 분석하는 능력을 갈고닦는 데 열중한다. 정치권력이 어떤 일을 놓고 자신들의 권력 재창출에 유리한지 아닌지 따지듯 공무원도 자신들의 승진이나 평가에 유리한지 아닌지 따지는 오래된 습성이 있다.

선출직보다 많게는 6~7배 더 뛰는 직업공무원은 선출직이 뛰는 속도를 따라가다가는 코스를 완주할 수 없다고 여긴다. 힘을 아끼면서 페이스를 조절하고자 한다. 선출직은 저 뒤에서 천천히 따라오는 공무원들이 답답하기만 하다. 선출직은 공무원이 규정에만 매달려 자신들의 요구나 정책을 창의적으로 검토하지 않는다고 불만을 갖는다. 이런 이유로 정치권력은 쉽게 공무원이 영혼이 없다고 공격한다. 반면 공무원은 임기가 끝나 떠나면 그만인 사람들이 계속 남아 책임을 질 수밖에 없는 자신들의 입장을 헤아려주지 않는다고 서운하게 여긴다. 겉으로는 드러내지 않아도 속으로는 이럴 바에는 열심히 일할 필요가 있나 생각한다. 자신의 업무를 노골적으로 게을리 하는 일은 드물다. 하지만 주민의 목소리에 귀 기울이고 전문가의 의견을 구하며 새로운 정책을 만들어내는 등 능동적으로 일하지 않는다. 그리고 해당 정치권력의 임기가 1년 이하로 줄어들면 본격적으로 몸조심 모드로 돌입한다. 어차피 승진이나 영전의 기회가 없어진 데다가 새로 들어설 정치권력으로부터 호된 감사를 받을 걱정도 들기 때문이다. 인사가 보통 1년 단위로 이뤄지는 데다가 새 정치권력은 이전 정치권력의 잘못을 공격하기부터 시작하기 때문이다.

이런 탓에 정책은 갈피를 못 잡고 수시로 바뀐다. 대표적인 예가 수학능력평가시험이다. 수능은 1993년 도입 이후 25년간 12번이나 변경되었다. 2년에 한 번씩 바뀐 셈이다. 이를 막기 위해 2013년 사전예고제를 도입했지만 그 이후로도 4번이나 바뀌었다. 정책이 바뀔 때마다 사교육은 배를 불린다. 불안해진 학부모와 수험생들이 사교육 시장으로 몰려가기 때문이다. 공무원이 중심을 잡아주었더라면 아껴졌을 학부모의 돈이 사교육으로 가서 억대 연봉의 스타강사[26]를 만든다.

"그를 파멸시킨 것은 바로 미모, 그가 간절히 기도했던 미모와 젊음이었다. 이 두 가지가 없었다면, 그의 인생이 이토록 더럽혀지지는 않았을 것이다. 그의 미모는 그에게 한낱 가면에 불과했으며, 그의 젊은 가짜일 뿐이었다."[27]

영혼을 팔면 파멸이 온다. 자신의 초상화에 빠져 영혼을 팔아버린 도리언 그레이는 결국 파멸을 맞는다. 그처럼 공무원도 영전과 승진에 영혼을 팔다가는 본인은 물론 공직사회 전체를 나락의 구렁텅이로 빠뜨릴 수 있다. 이미 수많은 사례가 있다. 고백하건대 사실은 현재 진행형이다. 지금도 적지 않은 공무원들이 상관의 지시 앞에서 무조

---

26) 국민일보, "31세 대치동 강사, 강남에 320억 원대 빌딩 매입", 2018.4.4.
27) 『도리언 그레이의 초상』, pp. 402~403.

건 고개를 숙인다. 고작해야 대답을 얼버무릴 뿐이다. 예스를 반복하다보면 이성도 마비된다.

상사의 명령이 공법에 어긋나고 민생을 해치는 것이라면 마땅히 꿋꿋하게 굴하지 말아야 하며 확연히 스스로 지켜야 한다雖上司所令 違於公法 違於民生 當毅然不屈 確然自守.[28)]

공무원에게 영혼은 꼭 필요하다. 사실 너무 당연해서 강조할 필요도 없다. 영혼을 파는 순간 그는 그 자신이기를 포기하는 것으로 노예나 다름없다. 그 누구도 영혼을 지우라고 강요해서도 안 되고 스스로 영혼을 포기해서도 안 된다. 정치권력이 '시키는 대로 하라!'고 압박한다고 해서 이를 받아들일 수는 없는 일이다. 정권 교체에 성공해 절정의 권력을 누리는 정부가 국민의 요구라는 명분을 걸고 밀어붙이는 공약이라도 따질 건 따져야 한다.

---

28) 『목민심서』, p.112.

아무리 문서를 감축하고 전문성을 갖추고 구글처럼 일해도 영혼을 지키지 못하면 헛수고다. 유혹 앞의 영혼은 참으로 가볍다. 우리의 영혼은 "……참을 수 없을 정도로 가벼운, 깃털처럼 가벼운, 바람에 날리는 먼지처럼 가벼운, 내일이면 사라질 그 무엇처럼 가벼운 것……"[29]일지 모른다. 더 높이 승진하고 싶고 더 좋은 자리를 차지하고 싶은 마음은 누구나 같다. 그러나 개인적 욕망은 오로지 그에게만 봉사한다. 거기에 타자는 없다. 개인의 영달을 위해 '예스'를 남발한다면 국민에 대한 배신행위가 아닐 수 없다. 영혼 지키기는 시민의 소리에 귀 닫자는 말이 아니다. 오히려 일을 제대로 하고 시민을 위해서 내리는 결단이다. 공정하지 못한 결정이나 형평성을 잃은 정책에 용감하게 목소리를 내는 일이다. 그러기 위해서는 장기적 시각과 전문적 식견을 갖춰야 한다. 현장을 알고 고민하는 공무원은 시퍼런 정치권력이라고 마음대로 할 수 없다. 권력은 이미 시장이나 정치로 넘어갔는지 모르지만 영혼만은 끝까지 넘겨서는 안 될 일이다. 그때서야 영혼은 무게를 갖는다.

소크라테스가 묻는다. "그렇다면 트라쉬마코스, 혼이 고유한 미덕을 상실하면 제 기능을 잘 수행할 수 있겠는가, 아니면 그것은 불가능

---

29) 밀란 쿤데라, 『참을 수 없는 존재의 가벼움』, 민음사, 2018, p.358

한가?" 트라쉬마코스는 "불가능해요."라고 대답한다. 이는 우리의 답이기도 하다. 소크라테스는 덧붙인다. "그렇다면 필연적으로 나쁜 혼은 나쁘게 통치하고 나쁘게 관리하겠지만, 훌륭한 혼은 이런 일들을 훌륭하게 수행할 것이네."[30]

공무원의 영혼을 지키기 위해 포괄적 복종 의무[31]를 폐지해야 한다는 주장이 있다. 출신에 따른 인사차별을 금지하자는 제안도 있다. 상관의 위법 또는 부당한 지시에 불복종할 경우 면책 규정을 신설하자는 논의도 있다. 규정이 있는 것과 없는 것은 다르니 효과가 있을 것이다. 허나 제도적 개혁은 필요조건이다. 정치권력과 공무원 간의 새로운 관계 형성이라는 충분조건이 중요하다.

"강은 이쪽에서는 레테죄의 기억을 지움, 저쪽에서는 에우노에선행의 기억을 새로이 함라 불리는데, 이쪽과 저쪽의 양쪽의 물을 마시지 않는 한 효력은 없습니다."[32] 공무원이 영혼을 유지하는 데에는 공무원의 변신과 함께 시민과 정치권력의 이해가 어우러져야 한다. 이견을 내거나 반

---

30) 플라톤, 『국가』, 숲, 2016, p.83.
31) 공무원은 직무를 수행할 때 소속 상관의 직무상 명령에 복종하여야 한다.(국가공무원법 제57조)
32) 단테, 『신곡』, 동서문화사, 2015, p.533.

대하는 공무원을 '말 안 듣는 관료'로 간주하고 변방으로 내쫓는다면 결국 '예스맨'만 우글거릴 것이다. 이견이나 반대는 소금과 같다. '예스'의 달콤함이 부패를 잉태한다.

40세를 불혹이라고 하지만 공무원은 공무원이 되는 순간부터 불혹이어야 한다. "한통속으로 묶여 있는 관료 기구들은 반복되는 게으름 속으로 빠져드는 유혹에 끊임없이 시달린다."[33]

아테네의 대정치가 페리클레스는 "정계에 몸담고 있던 기나긴 세월 동안 그는 저녁 먹으러 친구 집에 간 적이 단 한 번도 없었다."[34] 공무원이 진정 유혹 당해야 할 것은 따로 있다. 새로운 것, 낯선 것, 이질적인 것, 불편한 것이 그것이다. 공무원은 유혹과 불혹을 가릴 줄 알게 되면서 진정한 공직자가 된다. 수컷이 욕망을 조절하게 될 줄 알면서 남자로 거듭나듯이.

부족장은 말한다. "삶은 알지 못하며 알 수도 없는 것이지. 다만 우리가 이 세상에 나온 것은 할 수 있는 데까지 먹고 살아남기 위해서라

33) 존 스튜어트 밀, 『자유론』, 책세상, 2015, p.208.
34) 플루타르코스, 『플루타르코스 영웅전』, 숲, 2010, pp.193~194.

는 것만 알 수 있을 뿐." [35)]이라고. 갈매기들은 이에 의문을 품지 않는
다. 그들은 시키는 대로만 한다. 먹이를 잡을 수 있을 만큼만 난다.

그러나 조나단은 다르다. 하늘로의 비상을 꿈꾼다. 결국 부족에서
추방되고 말지만 도전을 멈추지 않는다. 드디어 높이와 시간마저 초
월하는 궁극의 경지에 이른다. 조나단이 얻은 것은 높이가 아니라 자
유다. 조나단은 외친다. "단 하나의 법은 자유로 이어지는 법이다." [36)]
영혼을 잃기는 쉽지만 영혼을 지키기는 어렵다. 그런데 영혼을 지키
면 자유의 광대하고 유려한 세상이 기다린다.

---

35) 리처드 바크, 『갈매기의 꿈』, 현문미디어, 2015, pp.36~37.
36) 『갈매기의 꿈』, p.99.

3. 왜 개혁은 늘 실패하는가?

"인간들이란 다정하게 대해주거나 아니면 아주 짓밟아 뭉개버려야 한다는 것이다. 왜냐하면 사소한 피해에 대해서는 보복하려고 들지만 엄청난 피해에 대해서는 감히 복수할 엄두조차 내지 못하기 때문이다."[37]

마키아벨리에 의하면 가해 행위는 모두 한 번에 저질러야 한다. 그래야 그 맛을 덜 느끼기 때문에 반감과 분노가 작다. 반면 은혜는 조금씩 자주 베풀어야 그 맛을 더 많이 느낀다.[38]

카이사르는 일단 결정한 후에는 지체 없이 일을 몰아쳤다. 그는 알프스 이쪽 갈리아와 나머지 이탈리아의 경계를 이루는 루비콘강에 이르렀을 때 생각에 빠졌다. (……) 마침내 카이사르는 심사숙고를 그만두고 "주사위는 던져졌다."고 말하며 서둘러 강을 건넜다. 그때부터 줄곧 전속력으로 행군해 날이 새기 전에 아리미눔을 쳐들어가 점령했다.[39]

---

37) 니콜로 마키아벨리, 『군주론』, 까치글방, 2015, p.24.

38) 『군주론』, p.70.

39) 『플루타르코스 영웅전』, pp.505~506.

대한민국에서 공무원으로 산다는 것

40

개혁은 극단적으로 또는 전격적으로 추진해야 하는가? 상대가 외마디 비명조차 지르지 못하도록 단번에 도모해야 하는가? 그런데 마키아벨리의 주장은 고대의 영광은 잊은 채 지리멸렬한 내전에 휘말려 있었던 당시 그의 조국을 우려해서 나온 것이다. 강력한 군주가 등장해 이탈리아를 통일하면 좋겠다는 염원이 담겨 있다. 주변에는 아직도 그런 방식을 선호하는 사람들이 있긴 하다. 그러나 주장이나 행동은 그 시대적 맥락 속에서 작동한다는 점에서 마키아벨리의 주장이나 카이사르의 방식은 한계를 가질 수밖에 없다.

공무원이나 공직사회를 개혁하기 위한 많은 시도가 있어왔다. 권력을 잡은 정권은 예외 없이 개혁의 칼을 휘두르곤 한다. 그럼에도 성공한 예를 찾아보기 힘들다. 대개 용두사미로 끝나버렸거나 개혁 이전보다 더 악화되기조차 했다. 원인은 무엇일까. 한마디로 공무원의 속성을 제대로 이해하지 못한 채 단기적인 성과에 집착하기 때문이다. 꾸준히 개혁하지 않으면 야금야금 몸집을 늘리고 알게 모르게 부패가 누적되는 게 공무원 사회다. 이는 공무원 개인의 문제가 아니라 조직의 속성에서 비롯한다. 그런데도 정권은 임기 내에 성과를 내려고 한다. 심각한 엇박자가 존재한다.

정치권력은 집권 초 고공 행진하는 지지율에 고무돼 뭐든지 할 수 있을 것 같은 분위기에 젖는다. 이번만큼은 대대적으로 행정을 개혁하겠다고 큰소리친다. 하지만 이는 뭘 모르고 하는 소리다. 정권이 바뀔 때마다 반복되는 개혁을 겪어본 공무원은 이미 마음의 준비를 하고 있다. 우선 머리를 조아리고 정치권력이 하자는 대로 따른다. 바람이 불기도 전에 몸을 숙인다. 그러나 시간은 공무원 편이다. 시간이 흐르면서 정치권력은 지지율 하락으로 개혁의 동력을 잃거나 치명적인 문제에 빠져 허우적거리기 십상이다. 또한 정치권력은 공직사회의 협조 없이는 성과를 낼 수 없다는 것을 뒤늦게 깨우친다. 정치권력은 슬그머니 꼬리를 내리고 공무원의 손을 잡는다. 이런 과정에서 행정개혁은 뒷전으로 밀려나고 만다. 공무원이 꿰고 있는 이 흐름을 정권은 초보인 탓에 잘 모르거나, 권력의 맛에 취해서 자주 잊는다.

공무원은 나무늘보 같다가도 기회가 오면 표범이 된다. 정치권력이 새로 들어서면 이런저런 연줄을 통해 정권 내 유력 정치인에게 줄을 댄다. 이때는 자신이 알고 있는 업무상 비밀을 다 털어놓거나 자신의 목숨까지 내놓을 것처럼 오버한다. 그러다가 희망이 없다 싶거나 정치권력에 힘이 빠지면 언제 그랬나 싶게 등을 돌리고는 다음에는 누가 권력을 잡을지 안테나를 세운다. 공무원의 이런 태도는 비난 받을만하다. 그렇다고 모든 게 공무원 탓일까. 단기 이익과 보복의 틀에 갇힌 정치권력이 그렇게 조장한 점도 있다. 일부 사업자나 민원인도 한몫 거든다. 겉으로는 공무원을 욕하면서 뒤로는 남다른 이익을 보기 위해 연고 있는 공무원을 찾느라 분주하다. 공무원에게 비난을 퍼붓는 그들도 부패의 공범이라는 혐의를 벗어나기 어렵다.

개혁은 니나처럼 철저하고 노라처럼 단순 명쾌하며 헤스터처럼 꾸준하게 그러면서도 산티아고처럼 부드럽게 해야 한다.[40]

개혁은 철저해야 한다. 나는 2014년 세월호 참사 직후 낙하산을 타지 않겠다고 선언을 한 적이 있다.[41] 당시 '재취업 심사를 강화하고 예외조항을 없앤다 해도 우회 취업 등 틈새가 존재하는 한' 취업제한은 도루묵이 될 가능성이 높다고 우려했다. 그래서 "취업을 제한할 게 아니라 아예 금지시키는 게 맞다."고 했다. 지금 생각해도 과격한 주장이다. 어디서 그런 용기(?)가 났는지 모르겠다. 하지만 안타깝게도 그 과격한 주장은 들어맞았다. 정부가 바뀐 지금에도 여전히 '관피아' 논란에서 벗어나지 못하고 있다. 이는 공직사회의 인사적체가 심화된 탓이 아니다. 개혁을 철저하게 하지 못했기 때문이다.

---

40) 니나, 노라, 헤스터, 산티아고는 각각 『삶의 한가운데』, 『인형의 집』, 『주홍글자』, 『노인과 바다』의 주인공이다.
41) 중앙일보, "나는 낙하산을 타지 않겠습니다(긴급기고)", 2014. 5. 17.

니나는 언니 마르그레트에게 말한다. "대부분의 사람에게는 운명이 없어. 그런데 그것은 그들 탓이야. 그들은 운명을 원하지 않거든. 단 한 번의 큰 충격보다는 몇백 번의 작은 충격을 받으려고 해. 그러나 커다란 충격이 우리를 전진하게 하는 거야. 작은 충격은 우리를 점차 진창 속으로 몰아넣지만, 그건 아프지 않지."[42]

우리는 왜 늘 적당히 바꾸려고 할까. 왜 그것을 '세상을 헤쳐 나가는 지혜'라고 부를까. 왜 '너무 강하면 부러진다.'라거나 '때로는 적당히 눈감아 줘야 한다.'라고 할까. 인간이라는 종족의 한계인가. "인간의 지성은 한 번 '이것이다' 하고 생각하고 나면 다른 모든 것을 그것을 뒷받침하거나 그에 합치되도록 만든다. 아무리 유력한 반증 사례들이 있다 해도 무시하거나 경멸하거나 그것만 예외로 치부해 제외하거나 배척하고 만다."[43] 철저하지 못한 개혁은 뒤끝을 남긴다. 대상자가 빠져나갈 구멍을 만든다. 구멍 뚫린 바가지는 물을 담을 수 없다.

개혁은 단순하고 명쾌해야 한다. 대학입시제도에는 수천 개의 전형

---

42) 루이제 린저, 『삶의 한가운데』, 민음사, 2017, pp.131~132.
43) 프랜시스 베이컨, 『신기관』, 한길사, 2016, p.53 베이컨은 인간의 정신을 왜곡시키는 네 가지 우상(종족 동굴 시장 극장의 우상)을 거론한다. 인용한 내용은 가장 뿌리가 깊은 종족의 우상을 놓고 한 말이다.

이 존재한다. 근본적 변화를 미룬 채 땜질방식의 개선방안들에 의존한 결과다. 악마는 디테일에 있다. 복잡성은 멸망 내지 쇠락의 고리다. 위기는 문제의 본질을 간파하고 급격한 패러다임의 변화를 이뤄야 해결할 수 있다. 1949년 왜그 닷지 대장은 대원들과 함께 몬태나 협곡에 갇혔다. 사방에 불길이 치솟았다. 피할 곳은 없었다. 그런데 그는 현장에서 불을 놓아 안전지대를 만든 통찰 덕분에 목숨을 구할 수 있었다. 이 방법은 그 후 세계 소방관들의 표준으로 채택되었다. [44] 표준은 단순하고 명확해 악마가 숨을 곳이 없다.

노라는 한 번 결정하고 나서는 단호히 결행한다. 남편의 속마음을 알아챈 이상 같이 갈 수는 없다. 부인 노라를 귀여운 종달새나 다람쥐로만 여긴 남편 헬메르는 노라를 범죄자로 몰고 나서 시혜를 베푸는 척 용서해주려고 한다. 하지만 버스는 떠났다. 노라가 떠나겠다고 하니까 오히려 노라에게 매달린다. 노라는 분명하고 자신 있게 거절한다. [45] 노라의 결정은 더없이 명쾌하다.

개혁은 끈질겨야 한다. 이는 생각보다 중대하다. 아무리 개혁의 큰

---

44) 레베카 코스타, 『지금 경계선에서』, 샘앤파커스, 2011, pp.114~115, 63~67.
45) 헨리크 입센, 『인형의 집』, 민음사, 2018, pp.108~117.

그림을 그리더라도 지속성을 갖지 못하면 찻잔 속의 태풍일 뿐이다. 공무원은 그동안 개혁이 오래가지 못했다는 것을 체득해왔기에 우선은 위험만 회피하려고 할 것이다. 이것을 뒤집어야 한다. 정권이 바뀌어도 이어지는 그림을 그려야 한다. '대못 박기'야말로 공무원 개혁에 절실한 전략이다. 공직사회 개혁을 담당하게 될 기관장의 임기도 최대한 보장해야 한다. 우여곡절이 있더라도 기다려주는 미덕이 필요하다. 국가대표 축구감독이나 프로야구 감독처럼 성적이 좋지 않다고 바로 바꾼다면 개혁은 누더기가 될 것이다.

"그리고 그녀는 여전히 모든 것을 꾹 참고 견뎌냈고, 단 한 번도 자신의 단호하고 슬픈 시선을 돌린 적이 없었다." 헤스터 프린은 7년간 꿋꿋이 견뎌낸다. "헤스터의 헌신적인 삶이 이어지면서 주홍 글자는 세상 사람들의 조소와 멸시를 받는 낙인이 아니라, 함께 슬퍼하고 두렵지만 존경하는 마음으로 바라보는 그 어떤 상징이 되었다."[46]

그러면서도 개혁은 부드러워야 한다. 공무원은 최소 수십 대 일이라는 경쟁을 뚫은 자들이다. 과감한 목표와 구체적인 로드맵을 세우되 공무원의 이해를 구해야 한다. 어떻게 바꿀 것인지 처음부터 공무

---

46) 너새니얼 호손, 『주홍글씨(The Scarlet Letter)』, 민음사, 2015, p.215, 311.

원의 참여를 보장하는 것도 좋다. 공무원이 이해하지 못하는 개혁은 오래 가지 못한다. 정권이 바뀌는 순간 쓰레기통에 처박힌다. "당신들 참 못됐다. 싹 바꿔라! 말 안 들으면 가만두지 않겠다."라고 말하는 것과 "당신들 고생하는 거 안다. 하지만 이것은 아니지 않느냐? 같이 한 번 해보자!" 하는 것은 천지차이다.

　바다에서 고기잡이를 업으로 하는 노인산티아고은 바다를 여성으로 생각하고, 큰 호의를 베풀어주거나 거절하는 경이로운 존재로 여긴다. 물고기를 사냥하면서도 물고기에 대한 경의를 잃지 않는다. 물고기를 자신의 형제로 여기고 자신보다 더 훌륭하고 아름답고 침착하고 고상한 존재로 인정한다.[47] 끊임없이 상대의 처지를 헤아리고 움직임을 파악한다. 그러면서도 포획의 의지를 잠시도 풀지 않는다.

---

47) 어니스트 헤밍웨이, 『노인과 바다』 문학동네, 2018, p.31, 96.

공무원의 장점은 적지 않다. 업무에 있어서 꾸준하다. "이들 배달원은 눈이 오나, 비가 오나, 날이 덥거나, 어둡거나 상관없이 정해진 구역의 순회를 신속하게 완료한다."[48] 또 공무원은 공정하려고 노력한다. 어느 정도의 사명감도 있다. 어쨌든 원칙과 규정을 지키려 한다. 상관으로부터 지시가 떨어지면 어떻게든 해내려고 한다. 비나 눈이 온다는 예보가 있으면 들었던 술잔도 내려놓는 게 공무원이다. 표 나게 누구 편을 들지 않는다. 뇌물을 받는 일은 거의(?) 자취를 감췄다. 이런 점은 인정해야 한다.

채찍과 함께 당근도 필요하다. 노인은 크게 늘고 복지 수요는 점점 커진다. 잠재적 성장력은 바닥을 치는데 머지않아 인구마저 줄어들 전망이다. 대단한 혁신이나 변화가 없는 한 정부 재정은 악화될 것이 분명하다. 공무원의 봉급 인상은 어려운 일이 될 것이다. 그러나 근무 여건을 개선하는 일은 가능하다. 불필요한 업무 감축, 남성 육아휴직 장려, 다양한 교육프로그램의 제공, 유연근무제 확대, 민간위탁 확대,

---

48) 데이비드 그레이버, 『관료제 유토피아』, 메디치, 2016, pp.225~229. 19세기 후반 독일의 우편 서비스는 근대의 위대한 경이로움 중 하나로 여겨졌다. 주요 도시와 수도에서는 하루에 다섯 번 또는 아홉 번에 이르는 배달, 압축공기 시스템을 이용해 먼 거리까지 편지와 작은 소포를 거의 즉각적으로 쏘아 보낼 수 있는 수 마일짜리 기송관의 광대한 네트워크를 자랑했다.

남성 위주의 조직문화 개선 등이 그것이다. 예산이 들지 않는다. 공무원의 정서를 배려하는 가운데 실행 가능한 인센티브를 제공하면서 희생을 요구하는 게 맞다. 일방적이고 희생 위주의 개혁은 공무원에게 자칫 모멸감[49]을 줄 수 있다. 공무원이 모멸감을 느끼지 않고 기꺼이 개혁에 동참할 수 있도록 하는 게 요점이다.

공무원 개혁의 거듭된 실패로 '방 안의 코끼리'는 점점 몸집을 키울 것이다. 모두가 그것이 언젠가 '블랙 스완'[50]이 될 거라는 사실을 안다. 코끼리가 방 안에 버티고 있는데도 마치 없는 것처럼 여긴다. 보고 싶은 것만 보는 확증편향이 대형사고(?)를 키운다. 갑자기 일이 터지면 뒤늦게 야단법석을 떤다.

정치권력은 짧고 관료제는 길다. 길고 복잡한 관료제를 짧은 정치권력이 감당하기 어렵다. '어공_{어쩌다 공무원}'이 '늘공_{늘 공무원}'을 넘어서는 것 같아도 남는 건 늘공이다. 관료들은 끈질기다. 또 노련하다. 온실 안에서 주로 살지만 들판의 잡초처럼 질기다. 이 점을 아는 게 공직사

---

49) 김찬호, 『모멸감(굴욕과 존엄의 감정사회학)』, 문학과지성사, 2014, pp.78~81. 모욕의 핵심은 상대방의 존재 가치를 부정하거나 격하시키는 것이다. 모멸은 인간 내면의 가장 깊숙한 부분을 파괴해 극도의 적개심을 촉발한다. '정서적인 원자폭탄'이라고 불리는 이유다.
50) 가능성은 높지 않지만 일단 출현하면 큰 충격을 주는 위험을 말한다.

회 개혁의 야무진 출발점이다. 어공들이 공통된 의지와 방향을 보여준다면 늘공도 진지하게 받아들일 것이다. 공직사회 개혁은 개별 정권을 벗어나 장기적 관점으로 접근할 때 성과를 낼 수 있다. 공무원의 자존감을 살려주면서도 철저하지만 부드럽게 단순하지만 끈질기게 추진해야 하는 시대의 과업이다.

암호화폐의 사례는 큰 시사점을 준다. 중앙은행의 독점적 화폐발행과 금융집단의 이기주의에 맞서 개인들이 주도적으로 화폐를 발행하고 거래한다. 블록체인의 기술이 이를 뒷받침해준다. 암호화폐의 정신은 '개인 존중과 직접 민주주의'다. [51] 이제 개인들은 정신과 기술 모두 탈중앙화로 무장하기에 이르렀다. 행정이 앞으로 나아가지 않는다고 판단하면 자신들 자유의 일부분을 넘겨주기로 한 사회계약 자체를 취소하자고 할지 모른다. 그리고 스스로 주민등록등본도 발급하고 건축 인허가도 내주려고 할 것이다. 저만치 폭우일지 단비일지 모를 떼구름이 몰려오고 있다.

---

51) 중앙일보(홍승일), "분산경제에 대한 분산된 시각들", 2018.4.5.

II

행정 내부 :
건너야 할 협곡

1. 아! 지긋지긋한 의전

- "귀빈들을 그냥 오는 순서대로 앉게 하면 안 돼요?"
- "참, 이 사람이 무슨 소릴 하는 거야?"
- "이건 너무 구식이잖아요?"
- "구식? 자네 눈에는 구식일지 모르지만 의전이 사람을 잡았다 놨다 하네. 의전으로 시작해 의전으로 끝나는 게 행사야."
- "그래도 이건 아닌 것 같아요. 인사말씀도 여섯 분이 하게 되어 있는데 너무 심한 것 같아요. 그냥 한 분만 대표로 하면 좋잖아요. 나머지 분들은 소개만 하고. 이 기회에 한 번 고치면 안 될까요? 언제까지 이렇게 할 순 없지 않습니까?"
- "허허. 이 사람이 정말 말귀를 못 알아듣네. 젊은 패기는 좋은데 세상이 그런 게 아니야. 누구 죽는 꼴 보고 싶어 그래? 더 이상 얘기하지 마."

행사가 며칠 앞으로 다가왔다. 직원들이 귀빈들을 어떤 자리에 배치해야 하는지를 놓고 골머리를 썩였다. 귀빈들의 서열을 정하는 문제다. 팀장은 행사 내용과는 상관없는 일로 시간을 쓰는 것에 질린다. 참다못해 과장에게 가서 바꾸자고 얘기한다. 그러나 과장은 팀장을 세상 물정 모르는 애송이로 취급한다. 팀장을 만류하던 직원들은 역시나 하는 표정을 짓는다.

한국사회의 의전만큼 후진적인 것도 없다. 의전만 보면 한국은 영락없는 후진국이다. 의전에 살고 의전에 죽는 '의생의사'의 사회다. 의전은 고정되어 있는 데다가 과잉되어 있다.[52] 도대체 누구를 위한 의전이란 말인가. 왜 행사장에 가서 별 내용도 없는 거의 같은 말을 반복적으로 들어야 하는가. 왜 행사의 성공 여부를 의전으로 평가하는가. 행사는 결코 고위직이나 정치인을 위한 것이 아니다. 국민이 언제 정치인들이나 고위직들의 의전을 챙기라고 했던가. 참으로 어처구니없는 일이다. 21세기, 제4차 산업혁명을 운운하는 시대에 18, 19세기에나 있을 법한 의전을 고집하는 것은 시대가 잘못 돌아간다고 푸념하는 남자들의 모습과 닮았다. 앞에서는 큰소리치지만 뒷모습은 안쓰럽기만 하다.

의전은 행정 안팎을 가릴 것 없이 부풀어져 있다. 정부나 지자체가 주관하는 외부 행사는 물론 공직 내부의 행사도 다를 게 없다. 행사는

---

52) 에리크 쉬르데주, 『한국인은 미쳤다』, 북하우스, 2015, pp.17~20. 상관을 모시는 데 있어서 모든 세부사항이 분 단위로 정해진다. 회사 경영진의 방문에 대비한 사전 준비에 간부들은 만족하는 법이 없다.

철저하게 윗사람에 초점을 두고 진행된다. 윗사람이 눈썹만 찡그려도 모든 절차가 그 자리에서 멈춰버린다. [53] 윗사람을 누가 언제 어떻게 모시고 어떤 일을 하게 해야 하는지에 대해 세세하게 준비한다. 행사가 클수록 윗사람이 많아져 행사를 준비하는 공무원들은 노심초사한다. 윗사람들을 한 사람씩 모시기 위해 부서의 전 직원들에게 동원령을 내린다. 주관부서는 행사 추진계획, 인사말씀 자료, 진행 시나리오, 귀빈 명단과 좌석배치 자료, 직원들을 위한 포켓용 자료 등 수많은 자료를 만들어야 한다. 이를 위해 밤늦게는 물론 주말에도 일을 한다. 행사 내용이 담긴 문서의 하단에는 친절하게도 굵은 글씨로 'ㅇㅇ 님 하실 일'이 적혀 있다.

일반 시민은 그냥 객체다. 행사에 참여하는 시민들을 위한 배려나 시간은 별도로 없다. 오히려 자리를 일찍 뜨면 좀 참아달라거나 뒤쪽에 앉으면 앞쪽으로 이동해달라는 잔소리를 듣는다. 시민 참여는 윗사람의 만족을 위해 필요하다. 시민이 많이 와야 윗사람들은 행사 준비를 잘했다고 여긴다. 또 정치인은 자신의 존재감을 드러낼 수 있다고 생각한다. 행사의 성공 여부는 행사의 내용이 아니라 시민의 숫자로 결정된다. 일반 시민의 참여가 부족하면 암암리에 공무원들을 동원하기도 한다.

---

53) 『한국인은 미쳤다』 p.131.

윗사람들은 자신이 참석해야 행사가 빛난다고 믿는다. 행사 주최측도 윗사람이 참석해야 행사가 빛난다고 여기긴 마찬가지다. 과녁을 한참 빗나간 생각이다. 윗사람은 자신도 모르게 권위주의에 빠져 '마땅한 예우'를 원한다.

마땅한 예우란 안내가 제대로 되었는가, 자리 배치가 적절했는가, 소개가 서열대로 이뤄졌는가, 인사말씀의 기회가 주어졌는가 등에 관한 것이다. 참석자들에게는 서열이 존재한다. 모든 게 그 서열대로 진행되어야 한다. 경찰서장과 문화원장과 교육지청장 중 누가 더 높은지를 두고 골머리를 썩이기도 한다. 나보다 낮은 사람이 내 앞에 앉는 것을 참지 못한다. 소개 또한 마찬가지다. 서열 순서대로 이뤄져야지 그렇지 못하면 큰 무례에 해당한다. 인사말씀은 매우 중요하다. 소개만 받고 인사말씀의 기회가 주어지지 않으면 행사가 완전히 잘못되었다고 여긴다.

윗사람은 마땅한 예우를 못 받는 일만큼 수치스러운 일은 없다고 본다. 가진 권력을 이용해 복수를 감행한다. 상대에게 처절한 아픔을 던져준다. 단체장이나 기관장의 경우 해당 직원에게 인사에서의 불이익을 준다든가 일 못하는 직원으로 낙인찍는다. 의원의 경우 행사장에서 난리를 치거나 그 일을 기억해두었다가 의회가 열리면 담당자를 호되게 몰아친다. 심지어는 의안을 부결시키고 예산을 삭감하기도 한다. 업무를 소홀히 한 직원은 금세 잊혀도 의전을 실수한 직원은 두고 두고 회자된다.

의전의 과잉을 알면서도 고치지 못한다. 하나의 해프닝처럼 보이는 의전은 사실은 뿌리 깊은 나무다. 역사와 문화를 바탕으로 형성되어 온 하나의 강력한 관습이다. 의전이 과도한 것은 서열을 중시하고, 관을 주인으로 민을 객체로 보며, 내실보다는 외형을 중시하며, 사회를 권력관계로 파악하는 남성적 관점이 지배하는 탓이다. 서열이 없으면 질서도 예의도 없다고 보는 옹졸한 생각 때문이다. 의전이 잘못되었다며 폭발하는 윗사람의 분노는 도대체 누구를 위한 것인가. 의전은 우리 사회의 아킬레스건이 아니다. 오히려 아킬레스건을 칭칭 둘러싼 쇠사슬 같은 것이다.

미국은 비만 문제로 골머리를 썩는다. 패스트푸드 때문만은 아니다. 빈곤계층의 확대, 자동차 중심의 문화, 일부 부모의 자식에 대한 방임적 태도, 지역 공동체의 약화 등 많은 요인들이 복합적으로 작용한다. 핵 항공모함을 11척이나 보유한 세계 최강국이 비만 문제 앞에서 쩔쩔매는 모습이 우스꽝스럽다. 하지만 비만의 해결은 결코 간단하지 않다. 음식점 주인, 학교 교사, 부모, 관계당국 등 지역사회 전체가 힘을 합쳐야 한다고 하는 이유도 이런 맥락에서 하는 말이다. 저소

득층이 많이 사는 곳은 신선한 야채나 과일을 파는 가게는 거의 없고 햄버거나 피자를 파는 패스트푸드점만 몰려 있다는 분석을 보면 비만은 지역사회 전체가 나서야만 해결할 수 있다.

　의전도 마찬가지다. 공무원이 정치인들의 인사말씀을 생략하고 주민 위주로 계획을 짠다고 과잉 의전이 하루아침에 해결될 일은 아니다. 아마 그 공무원은 감당하기 어려운 비난에 직면하거나 다시는 행사 업무를 담당하지 못하게 될 것이다. 공직 내부에서도 '일 못하는 공무원' 정도가 아니라 '골 때리는 공무원'으로 찍힐 것이다. 정치인과 공무원과 시민 모두가 정당한 주장을 펼치고 생각을 바꿔야 가능하다. 더 나아가서는 대통령이 그런 리더십을 보여줘야 한다. 대통령이 사회 각계각층을 불러 '의전 제로 선포식'이라도 하면 어떨까. 물론 이런 행사를 준비하라고 하면 공무원은 또 자료를 만들고 의전을 챙기느라 분주할 가능성이 높지만 말이다. 이는 위로부터의 실천이긴 하지만 현실적인 대안이다. 서열 중심적이고 외형 위주의 문화를 완화시킬 것이다. 공무원은 보다 실질적인 업무에 충실할 수 있다. 시민들은 더 이상 고개를 절레절레 흔들 일이 없어진다. 쓸데없이 잔뜩 부풀어 오른 풍선은 터져야 하고 터질 수밖에 없다.

　추모행사나 기념식 같은 행사에서는 인사말씀 자료가 필요하다. 또한 취임사나 신년사 같이 연설자 자신의 메시지를 보여줘야 하는 경우에도 잘 가다듬은 인사말씀 자료가 요긴한 건 사실이다. 하지만 그 외에는 다르다. 규모가 있는 행사라 하더라도 기본적 내용만 알면 인사말을 하는 일은 그리 어렵지 않다. 수많은 인사말을 경험한 정치인이라면 더욱 그렇다. 시민에게 인사하고 참석한 귀빈에게 감사하는 서두, 행사의 의미를 확인하고 지원 의지를 보여주며 다소 과장된 미래를 묘사하는 본론, 감사의 말을 반복하는 마무리가 전형적인 인사말씀의 틀이다. 별다른 내용이 없다. 드물게 시적 표현이 등장하기도 하지만 필수적인 것은 아니다. 고맙다는 말, 감사하다는 말, 잘 하겠다는 말이 대부분이다.

중요한 건 시민은 관심이 없다는 것이다. 시민이 바라는 건 귀빈의 인사말이 간략히 마무리되거나 아예 생략된 채로 본 행사에 들어가는 것이다. 그런데 행사들의 대부분이 정부나 자치단체로부터 예산 지원이나 최소한 행정적 편의를 받기에 정치인들은 귀빈으로 참석해 인사말을 하는 게 당연하다고 생각한다. 행사를 주관하는 측도 정치인을 빠트렸다가는 미운 털이 박힐까 걱정하는 탓에 매번 같은 일들이 반복된다. 하지만 행사를 지원하는 예산은 시민의 세금에서 나온다. 정치인의 주머니에서 나오지 않는다. 정치인이 시민의 대표이지 않느냐고 반박한다면 정치인은 자신의 이익보다는 시민의 뜻을 우선해야 한다는 주장을 새겨야 한다. 정치인 중심으로 행사를 진행하는 일과 시민을 위한 일과는 아무 상관이 없다. 막상 의식이 끝나고 본 행사가 시작될 때면 일제히 우르르 빠져나가는 윗사람의 뒷모습은 민망하기 짝이 없다.

인사말씀의 예 – 국내 사례

반갑습니다.

○○시장 ○○○입니다.

벚꽃이 꽃망울을 터트리는 봄날, 문화와 산업의 도시, 복지와 일자리의 도시 ○○에서 ○○○○센터 개소식을 축하해주기 위해 함께 해주신 시민 여러분과 내외 귀빈 여러분께 감사의 인사를 드립니다.

아울러 오늘 개소식이 있기까지 갖은 애를 써주신 ○○○소장님을 포함한 관계자 여러분의 노고를 치하 드립니다.

최근 인구 노령화와 일자리 부족으로 인해 복지 서비스의 공급이 사회 전체의 문제로 대두됨에 따라 우리시는 정부정책에 적극 호응하는 한편 우리 지역에 맞는 맞춤형 복지프로그램을 시행하고자 노력해왔습니다. 오늘 그 노력의 결실인 ○○○○센터를 개소하게 되었습니다. 시민 여러분과 함께 매우 기쁘게 생각합니다.

우리시는 노인 인구 비율이 최근 몇 년 사이 크게 높아지고 있고 관내 기업들이 지속적으로 어려움을 겪고 있는 게 사실입니다. 따라서 우리 시는 이러한 변화에 선제적으로 대응하고 생산적 복지를 구현해 나간다는 정책 기조 아래 금번 센터를 개소하게 되었습니다.

오늘 개소하는 센터는 인근 어느 시의 시설보다 넓고 쾌적한 시설을 갖추었을 뿐만 아니라 우수한 전문 인력을 다수 확보함으로써 시민 여러분 한 분 한 분에게 맞춤형 프로그램을 공급해드릴 것을 자부합니다.

시민 여러분! 그리고 내외 귀빈 여러분!

우리시는 앞으로도 시민의 복지 증진을 위해 과감한 정책과 투자로 선진적인 지역으로 발전해나갈 것을 약속드립니다. 여러분께서도 살기 좋은 도시 건설을 위해 적극 참여해주시기 바랍니다.

끝으로 바쁘신 가운데서도 개소식 행사에 참석해주신 시민 여러분과 귀빈 여러분께 다시 한 번 감사드리며, 건강하시고 가정의 발전과 행복이 늘 함께 하시기를 진심으로 기원합니다.

감사합니다.

인사말씀의 예 – 외국 사례

1990년 대 후반쯤 되었을까 영국을 방문한 적이 있다. 한국인의 방문을 환영하는 자리였다. 지역연합의 수장이 비서 없이 혼자서 행사장에 도착했는데 그는 경차를 직접 운전하고 왔다. 자기 차례가 오자 청바지 뒷주머니에서 쪽지를 꺼냈다. 주머니 속에 있었던 쪽지는 꼬

깃꼬깃 구겨져 있었다. 그의 행동은 수장이라고 보기에는 너무 촌스러웠다. 그는 꺼낸 쪽지를 펴가면서 환영사를 했는데 시종 유머를 곁들여 청중을 웃겼다. 영어를 제대로 이해하지 못했지만 그렇게 짐작할 만큼 청중들의 웃음이 끊이지 않았다. 그 장면은 충격적이었다. 우리와 달라도 참 많이 달랐다. 공직생활 동안 두고두고 기억나는 장면이었다.

어느 광역자치단체에서 예산이 지원되는 행사가 있었다. 해당 상임위 소속의 광역의원 여러 명이 행사가 열리는 한 기초자치단체에 도착했다. 그런데 광역의원들은 자리에 앉지도 않은 채 불만을 쏟아냈다. 좌석 배치가 잘못되었다는 것이었다. 그중 한 명이 나서서 자신들을 무시한 처사라고 소리를 높였다. 평소 온건한 성향의 한 의원은 두어 발짝 떨어진 곳에서 난처한 표정을 짓고 있었다. 담당자들에게 당장 사과하라고 요구했다. 행사를 주관하는 측의 책임자가 헐레벌떡 뛰어왔다. 그는 연신 머리를 조아렸다. 담당자들이 이미 맨 앞자리에 앉아 있는 귀빈 몇 분에게 양해를 구하고 자리를 확보했지만 그들은 앉으려 하지 않았다. 담당자들이 행사장을 벗어나는 그들에게 발걸음을 돌려달라고 애원하다시피 매달렸지만 그들은 들으려고 하지 않았다. "어디 두고 보자!" 하는 말을 남기고 가버렸다.

광역자치단체로부터 예산을 받지만 행사 주관을 기초자치단체에서 하다 보니 기초자치단체 출신 인사 위주로 좌석배치를 했던 게 화근이었다. 광역의원은 광역자치단체를 기초자치단체보다 위로 생각하고 좌석 배치도 그렇게 해야 한다고 여긴다. 반면 기초자치단체는 광역자치단체에서 예산을 받았어도 해당 기초자치단체의 주민들이 대거 참석하는 행사로 기초자치단체가 중심이 되어야 한다고 생각한 것이다. 서로 양보하고 이해하면 어렵지 않게 해결될 일을 높고 낮음을 따지다 보니 불상사가 벌어진 사례다. 주민의 시각에서 보면 누가 돈을 지원하는지 누가 행사를 주관하는지는 중요하지 않다. 누가 어느 자리에 앉아야 하는지도 전혀 관심사가 아니다. 볼거리는 많고 가격은 합리적이기를 바랄 뿐이다.

나는 가는 곳마다 인사말씀 자료나 위원회 진행 시나리오를 작성하지 말 것을 주문해왔다. 간단한 말 몇 마디 하는 것을 두고 직원들로 하여금 인사말씀 자료를 만들게 하는 것은 염치없다. 너무 빤한 회의 진행방식을 두고 몇 장이나 되는 시나리오를 작성케 하는 것 또한 민망하다. 지금도 얼마나 많은 공무원들이 고위직을 위해 그런 자료를 만드느라 애를 쓰고 있을까 하는 생각을 떠올리면 안타깝기만 하다. 행사에 온 누구도 진정으로 듣지 않는 인사말씀을 말이다. 이외에도 상관을 위해 자동차 문을 열어주거나, 승강기를 잡아주거나, 돌아가

면서 식사를 모시거나, 문서에 분칠을 하거나, 펜 접시를 갖다놓는 일

등 공무원 사이에도 불필요한 의전이 적지 않다. [54]

---

54) 예를 들어, 인구가 50만 명 이상인 기초자치단체의 부단체장은 사무실 직원 외에 수행
비서를 둘 수 있다. 그러나 사람과 사람이 만날 때 중간에 소개인이 꼭 필요한 것이 아니듯
부단체장이 시민을 만날 때 반드시 수행비서가 필요한 것은 아니다.

■ 세계 최강의 의전

모 중앙부처 장관이 동 주민행복센터를 방문했다. 점심시간에 맞춰 노인들에게 급식 봉사를 하고 주민들의 이야기를 청취하기 위한 방문이었다. 동 주민행복센터에는 장관이 도착하려면 거의 2시간이나 남았는데 해당부처의 직원, 팀장, 과장, 국장, 실장까지 와 있었다. 보통 국장이 나오면 실장은 나오지 않는데 그날은 실장까지 나와 있었다. 그렇다고 그날 행사가 특별하다고 볼 수도 없었다. 지극히 평범했다. 아마 바쁜 장관이 직접 현장을 방문하는 일이 특별하다면 특별했을 것이다. 그들은 진지한 표정으로 장관의 구체적인 동선과 시간 계획을 일일이 검토하고 있었다. 팀장은 직원과 함께 어떻게 이동해야 하는지, 시간은 얼마나 걸리는지 등을 일일이 체크했다. 그러면 과장은 팀장으로부터 계획을 듣고 조정하고, 이번에는 국장이 과장의 계획을 듣고 또 조정했다. 최종적으로 실장은 직접 장관처럼 걸어 다니면서 국장의 설명을 검증했다. 이미 3번이나 체크를 했는데도 실장은 마음에 들지 않는 점이 많았는지 이것저것 고치라고 지시했다. 물샐틈없는 4중 검증이었다. 그들의 치밀함과 꼼꼼함에 뭐라 할 말이 없었다. 세계 최강의 의전이 아닐까. 그들에게 주민들이 어떻게 생각하느냐보다 장관이 만족하느냐가 중요해보였다. 혹시 중간에 삑사리(?)라도 나면 장관의 방문이 큰 실패로 끝나는 것처럼 노심초사하는 눈치였다.

2. 문서로 일한다?

실제로 관료주의적 절차는 예외 없이, 실재하는 사회적 존재의 미묘함을 모두 무시하는 것 그리고 모든 걸 사전에 형성된 기계적 또는 통제적 공식으로 축약시키는 것을 의미한다. [55]

일은 문서로 한다는 게 공무원들의 굳은 생각이다. 공무원들은 문서만큼 확실한 건 없다고 본다. 문서 외의 구두나 다른 수단은 믿기 어렵다고 여긴다. 회의를 할 때는 물론이고 그저 커피 한잔 하자고 해도 문서를 잊지 않는다. 민간 기업에서 행정기관으로 파견 온 사람이 공무원들이 늘 옆구리에 수첩과 문서 뭉치를 끼고 다니는 모습을 가장 이해하기 어려웠다고 고백하기도 했다. 이는 목사가 성경을 옆구리에 끼고 다니는 것과 흡사하다.

그러나 문서는 결코 성경이 아니다. 문서에 대한 맹신에 가까운 믿음은 뿌리가 없다. 일정한 형식으로 깔끔하게 작성된 문서를 보면 그 내용도 명확할 것이라는 생각이 든다. 그러나 반드시 그렇지는 않다. 문서를 보면 불확실한 표현이 적지 않다. 읽고 나서도 무슨 내용인지

---

55) 『관료제 유토피아』 p.118.

헷갈릴 때가 많다. 공무원은 확정적인 표현보다는 다의적이거나 유보적인 표현을 선호하는 경향이 있다. 제로베이스에서 검토하기보다는 이미 윗선에서 내려진 결론에 따라 합리화하는 경우도 적지 않다.

문서 작성의 예

- 새로운 제도의 도입을 검토하면서 시민의 편익을 따지기보다는 반대당의 정책이라서 부정적인 입장을 보임도입이 어려운 이유를 가급적 많이 열거함

→ "일부 지자체가 도입하였으나 아직 그 효과가 확인되지 않았으며 대다수 지자체는 관망 중인 데다가 예산 규모도 큰 편이어서 향후 추이를 봐가면서 도입 여부를 검토해도 늦지 않을 것으로 보임."

- 보훈 단체들의 보훈 수당 인상 요구에 대해 적게 주는 지자체는 빼고 많이 주는 지자체 그룹만 예로 들면서 인상의 필요성을 강조

→ "보훈 수당 대상자들의 고령화로 대상자들이 감소하는 추세로 인상으로 인한 예산 부담도 크지 않고 이미 인상한 지자체가 존재함."

- 맘카페 회원들이 이웃 지자체의 사례를 거론하며 출산장려금 인상을 요구하자 기관장은 '먹튀'만 초래한다는 전문가들의 지적에도 효과 부분은 언급하지 않은 채 출산율의 지속적인 하락 문제만 부각시

키면서 출산장려금 인상을 지시함

→ "최근 우리시는 출산율이 크게 떨어지고 있어 향후 주택 및 상품 수요의 하락으로 인구 감소와 함께 지역경제 후퇴가 예상되므로 출산장려금 인상으로 선제적 대응이 절실한 형편임."

문서 작성자는 물론 팀장이나 과장 같은 문서 검토자도 양면성을 보인다. 전례가 있거나 규정이 뒷받침해줄 때에는 명확한 방향성을 보여주지만 그렇지 못한 경우에는 추후 책임문제 등을 감안해 여러 의미로 해석될 수 있는 용어를 구사한다. 문서를 작성하는 이유 중 하나는 담당자들이 책임을 분산시키거나 면하기 위한 것이다.

책임 회피 4종 세트

예를 들어 평소 기관장과 친분 관계가 있는 시정자문위원 중 한 명이 자신의 업소가 위치한 지역의 상가가 장사가 너무 안 된다고 하소연하면서 몇 달이라도 주정차 단속, 금연 단속, 위생 단속 등을 유예해달라고 한다. 기관장이 이를 적극 검토하라고 지시한다. 담당 공무원은 그 지역만 예외를 두는 것이 마음에 걸리지만 지시에 맞서기도 어렵기에 고민 끝에 이렇게 의견을 낸다.

"행정의 일관성 유지가 필요함에도 최근 급격한 영업환경의 악화로 어려움을 겪고 있는 중소 사업자를 위해 제한된 범위 안에서 이번 사안을 검토하는 게 일견 타당해보이며, 민원을 제기한 당사자 또한 시정 발전에 기여한 바가 큰 자로서 이 점을 감안할 필요가 있음. 다만 객관성 확보를 위해 외부 전문가의 자문 내지는 관련 위원회의 검토를 추진하겠음."

이 검토에는 4개의 중첩 장치가 있다. 첫째가 '중소 사업자를 위해'이다. 검토 대상 사업자가 중소규모임을 확인함으로써 특혜일 수 없으며 설사 특혜라 하더라도 명분 있는 검토임을 은연중에 강조한다. 둘째는 '제한된 범위 안에서'로 일반적으로 허용하는 것이 아니라 예외적으로만 검토하고 있다는 의미로 만약 문제가 되면 방어하겠다는 의미다. 셋째는 '시정 발전에 기여한 바가 큰 자'로서 시정 발전에 기여했으므로 특별히 배려할 필요가 있다는 의미로 첫째 논거의 부족함을 보완하려는 의도가 있다. 넷째는 '외부 전문가의 자문 내지는 관련 위원회의 검토'로 공무원이 독단적으로 결정하지 않고 전문성을 가진 외부인의 객관적 검토를 받겠다는 것이다. 그런데 첫째, 둘째와 셋째는 순전히 긍정적 검토를 위한 논거라면 넷째는 좀 다르다. 넷째는 긍정적 검토를 합리화하기 위한 목적도 있지만 혹여 외부 전문가들이 부정적인 의견을 내면 어쩔 수 없지 않느냐 하는 포석도 깔려 있다. 회의를 열기 전에 외부 전문가를 만나 '좀 이해해달라'거나 '좋게 봐달라'고 할 수도 있지만 그 반대로 아무 힌트도 주지 않음으로써 부정적 검토를 유도할 수도 있다. 4종 세트로 긍정적 검토가 일관되고 상호 보완적인 결론을 이끌 수도 있지만 첫째, 둘째와 셋째의 논거로 일단 기관장의 마음을 얻은 후 넷째의 제시로 외부 전문가가 반대하는데 어쩔 수 없지 않느냐고 자기방어를 할 수도 있다. 이 4종 세트로 공무원의 책임은 거의 완벽하게 해소된다.

보고는 문서로 받는다?

공무원들은 A4용지로 문서를 작성한다. 이것보다 크기가 반밖에 안 되는 B4용지로 작성하는 경우도 있지만 흔하지 않다. [56] B4는 문서 내용 전체를 요약하는 요지를 만들어 문서 맨 앞에 제시하거나 아주 간단한 사안을 보고하는 데 쓰인다. A4 1장을 작성하는 데 아무리 능숙한 솜씨라 하더라도 최소 30분에서 1시간은 걸린다. 정리할 내용이 많거나 복잡하면 2, 3시간도 족히 걸린다. 어쨌든 A4용지 1장을 작성하는 데 1시간이 걸린다고 가정하고 담당자가 이를 작성해 팀장, 과장에게 보고한 후에 팀장이나 과장이 내용을 수정하는 경우도 있어 문서가 완성되기까지는 더 많은 시간이 소요된다.

---

56) 저자는 문서 작성에 들이는 시간을 줄이고 종이를 절감하고자 A4를 B4로 대체하자는 제안을 한 적 있다. 그러나 여러 가지 이유로 채택되지 못했다.

과장은 국장과 부기관장에게 보고하고 과장이나 국장은 기관장에게 보고하게 된다. 물론 담당주무관이나 팀장이 부기관장이나 기관장에게 보고하는 경우도 없지는 않다. 이런 보고 시간까지 다 합치면 문서 한 장을 보고하는 데 2시간에서 반나절, 심지어는 하루가 걸릴 수도 있다. 기관장이나 부기관장이 회의 중이거나 외부 출장 중일 때가 많기 때문이다. 메신저나 SNS나 전화로 보고하면 금세 끝날 것인데 굳이 그렇게 하지 않는다. 그렇게 하면 상관에 대한 예의에 어긋난다고 생각한다. 낡은 관행에 갇혀 스스로를 통제한다.

문서를 꾸미는 데 드는 시간뿐 아니라 문서의 작성 방식도 문제다. 중요한 단어나 문장을 진한 글씨체로 바꾸거나 컬러로 꾸미기도 하고 그 밑에 밑줄을 긋는 식으로 꾸민다. 이른바 '보고서 분칠'이다. [57] 분칠은 철저히 윗사람을 위해 아랫사람이 기울이는 노력이다. 문서를 만드는 당사자의 노고야 당연한 것이고 상관이 별 어려움 없이 보고받을 수 있어야 한다는 관념이 깔려 있다. 상관의 읽는 노고를 부하가 대신 지는 것이다. 반드시 필요하지 않은데도 정성을 들인다는 점에

---

57) 한국경제신문, "정부개혁하려면 '보고서 분칠'부터 없애야", 2017.5.1. 30여 년을 공직생활을 한 홍석우 전 지식경제부장관은 보고서 분칠은 윗사람에게 잘 보이기 위한 쓸데없는 일로 이를 없애야 한다고 주장한다.

서 여분의 노고다. 분칠에는 적지 않은 시간이 든다. 공무원의 시간은 그 소중한 의미에도 불구하고 상관을 모셔야 한다는 이유로 낭비되기 일쑤다.

공무원들이 단체장 사무실 앞에 길게 늘어서 있는 모습은 공직사회의 진풍경 중 하나다. 마치 장례식장 통로에 길게 늘어서 있는 조화의 길이로 상주의 힘이나 인격을 가늠하려는 풍습처럼 기관장 사무실 앞에 늘어선 줄의 길이가 기관장의 권력과 위신을 보여주는 것 같은 착각이 들기도 한다. 그러나 알고 보면 시간이 줄줄 낭비되고 있는 현장일 뿐이다. 전자가 외형에 치우친 허례라면 후자는 일 처리의 후진성을 보여주는 사례이다. 몇 십분은 기본이고 한 시간 이상 기다려도 아깝다고 여기지 않는다. 과장이나 국장이 기관장에게 보고하기 위해 대기하는 동안 직원들은 또 다른 공간에서 과장이나 국장을 기다린다. 위에서 새는 시간은 아래서도 샌다.

인터넷의 보급이 행정을 바꿀 것이라는 예측은 부분적으로만 맞았다. 문서에 집착하는 조직문화가 버티고 있는 한 새로운 기술도 힘을 제대로 쓰지 못한다. 물론 상관에게 좋은 평가를 받아야 승진을 빨리 하거나 적어도 불이익을 받지 않는다는 생각이 잘못되었다는 건 아니다. 그러나 상관은 바쁘다. 상관의 입장에서는 완성된 문서로 오는 게 중요한 게 아니라 제때 보고받는 게 더 중요하다. 그래야 제때 대처할 수 있다.

  그럼에도 보고는 문서로 받아야 한다는 관념을 떨쳐내지 못하는 상관이 적지 않다. 문서에 지나치게 익숙해진 나머지 조금의 의문도 품지 않는다. 일종의 본전심리[58]다. '내가 직원이었을 때 그렇게 했으니 당신들도 그렇게 해야 한다'는 것이다. 문서가 없으면 불안해한다. 항상 손에 문서가 들려 있어야 한다. 그런데 사실은 수첩에 몇 자 적어두기만 해도 대응이 가능하다. 핵심 단어나 개념만 알고 있으면 설명이 가능하다. 형식을 갖춘 문서를 찾는 것은 철 지난 습관이며 상관의 권위주의일 뿐이다. 상관이 문서에서 벗어나지 않는 한 직원이 문서를 만들지 않을 재간이 없다. 문서 작성에 공을 들이는 직원은 현장의 목소리나 전문가의 조언을 들을 시간을 확보하지 못할 염려가 크다. 결국 문서에의 집착은 또 다른 문서에의 집착을 가져오는 악순환을 초래할 가능성을 높인다. 탁상행정은 심화되고 시민과의 괴리감은 커지기만 한다.

---

58) 공무원 사이의 본전심리 또는 보상심리는 의외로 세다. '나도 졸때기 때에는 빡빡 기었으니 너도 그래야 한다.' 이를 따져서는 안 되며 그냥 받아들여야 한다고 생각한다. 특히 고위직에 오를수록 그런 경향이 강하다.

문서 집착의 악순환

'행정은 문서로 한다'는 관념 → 문서의 작성 및 완성도에 집착 →
문서 작성 시간 증가 → 현장 방문, 전문가 접촉 시간 감소

중앙부처 회의에 참석해보면 지방자치단체에 비해 회의 문서의 완
성도가 높다는 것을 알게 된다. 줄 간격, 글자 간격, 글자 위치, 들여
쓰기, 기호 표시 등 어느 하나 어긋난 것이 없다. 문서는 부사나 형용
사가 드물고 단문 중심으로 간결하게 구성되어 있고 필요한 근거가
제시되어 있어서 세련된 느낌마저 준다. 작성자가 문서 작성에 많은
노력을 쏟아부었다는 느낌이 절로 든다.

그런데 문서의 완성도가 업무의 완성도를 보장하지 않는다. 둘은
완전히 다른 차원이다. 중앙부처 공무원들의 정책 입안이 전체 국민
에게 영향을 줄 수 있다는 점을 감안하면 문서의 완성도는 소홀히 여
길 수 없는 부분이다. 하지만 더 중요한 것은 문서에 담긴 내용이다.
그들이 슈퍼맨이 아닌 이상 문서를 완벽하게 만들고 현장도 제대로
파악하고 발전 방향도 예측하기는 어렵다. 오히려 문서에 집착할수록
현장이나 시대의 흐름을 놓칠 개연성이 높다고 봐야 하지 않을까. 문
서의 완성도를 높이는 일보다는 국민이 원하는 것이 무엇이고 어떻게
관련 자원을 집중해 정책 효과를 높일 수 있는지에 더 많은 시간을 할

문서주의 (그림 1)

애해야 한다. 제아무리 문서의 완성도가 높더라도 거기에서 오는 만족도는 내용의 충실함으로부터 오는 만족도를 넘어서지 못한다. 공무원은 문서를 작성하면서 쾌감을 느낄지 모르지만 국민 입장에서는 "그래서 뭐?"라고 반문할지 모른다. 그런 면에서 문서 완성도에의 집착은 공무원들이 즐기는 유희 같다. 때로는 누가 뭐래도 자기들만의 길을 가겠다고 벌이는 시위 같다.

여기에서 지적해야 할 점은 문서를 대충 만들라는 말이 아니다. 아예 문서를 만들지 말라는 것이다. 결재 문서나 중요한 사항을 결정하는 회의 문서가 아니라면 구두나 SNS내부 메신저 포함, 전화는 물론 현장의 이미지나 목소리, 휘갈겨 쓴 메모까지 활용하자는 것이다. 잘 가다 듬어진 문서가 없다고 회의나 토론의 격이 떨어지는 것이 아니다. 일을 문서로 하다 보면 습관적으로 문서에 자꾸 눈길을 주게 되는 데다가 문서 내용에 매달리게 되어 자유롭게 생각하기가 어려워진다. 공무원들이 회의 중에 문서에 머리를 처박고 있는 진풍경이 펼쳐진다. 유연해야 할 관점과 생각은 네모난 문서에 갇히고 만다.

급박한 상황이 벌어진다. 보통은 급히 사무실에 출근한 담당직원이 컴퓨터 앞에서 끙끙거리며 문서를 만든다. 부서장이 이를 수정하거나 검토한다. 그리고 고위직에게 보고하거나 회의를 연다. 긴박한 상황에서도 문서를 포기하지 않는다. 반면 담당직원을 현장으로 급파하고 간부들은 사무실에 모여서 상황을 파악하고 대책을 고민할 수도 있다. 이 경우 문서를 만드는 일과 문서 없이 유연하게 대처하는 일은 하늘과 땅 차이다. 전자가 아무리 빨라도 두세 시간이 걸린다면 후자는 즉시 실행이 가능하다.

친구와 카톡이나 페이스북은 잘 하면서 왜 직장 동료와 SNS는 안하는가. 문서로만 일하는 시대는 지났다. 이제 일 자체가 복잡해져 문서 위주의 단선적 일처리 방식으로는 한계를 가질 수밖에 없다. 다양한 채널과의 수시적인 소통이 가능한 시스템을 만들어야 한다. 문서

만드는 시간을 과감하게 줄이고 주민, 전문가, 정치인, 언론인, 직장 동료 등과 소통하는 시간을 늘려야 한다. 소통의 시대 아닌가. 그럼에도 문서를 고집하는 일은 현실에 눈 감는 것이다. '우리는 원래 이렇게 일해. 이게 우리의 법이야. 알지?'라고 핑계를 대며 문서 뒤에 숨겠다는 의도로밖에 보이지 않는다.

위와 같은 이유들로 문서 생산은 늘어만 간다. 공무원은 무슨 일만 있으면 컴퓨터 앞에 앉는다. 지시, 회의, 사건, 사고, 행사, 보고, 발표, 검토 등 모든 일들이 문서로 시작해 문서로 끝난다. 공무원의 일상은 서류작업으로 가득 차 있다. 서류는 점점 더 길어지고, 더 정교해진다. 1990년대를 시작으로 전면적 관료화total bureaucratization의 시대[59]로 진입하였다는 주장이 있다. 한 예로 축구장을 조성하겠다고 결재를 올린 문서에는 10개의 첨부 문서가 달려 있다.

'축구장 조성공사 집행 건의'결재 문서 제목

‑ 추진계획서

‑ 사업계획 변경서

‑ 심사내역서설계서, 원가계산, 자재, 노임, 경비 등

---

[59] 관료제 유토피아, pp.36~37.

- 계약심사 결과서

- 일상감사 결과서

- 의견서

- 공사계획평면도

- 인조 잔디 규격 및 시방서

- 수량산출 내역서

- 관급자재 내역서

- 폐기물처리용역 내역서

■ 공무원이 자주 하는 말

- 열심히 하겠다.

제일 많이 쓰는 말이다. 너무 흔해 듣는 사람의 가슴에 와닿지 않는다.

- 공무원은 문서로 일한다.

말이나 행동보다 글로 하는 게 신뢰를 주고 행정의 안정을 기할 수 있다고 생각한다. 그러나 문서에의 집착은 현장과의 괴리, 탁상행정 등을 야기한다. 이 말에 대해 근본적인 의문을 던져볼 때이다.

- 검토하겠다.

여러 의미로 쓰인다. 즉시 검토하겠다는 뜻으로 쓰이기도 하지만, 지금은 여건상 어려우니 시간을 두고 생각해보겠다거나 사실상 '검토가 어렵다'는 반대의 의미로 쓰이기도 한다.

- 다음에 반영하겠다.

외부의 지적이나 비판을 받으면 하는 말이지만 담당자 교체나 업무 단절 등으로 반영되지 않는 경우가 생긴다.

– 우리 부서의 업무가 아니다.

자신이 맡은 업무의 범위를 가급적 좁게 해석한다. 자신의 업무와 조금이라도 관련이 되니 맡겠다고 하기보다는 관련이 없는 부분도 있으니 맡지 않겠다고 한다. 부서 칸막이, 평가 보상체계 탓에 적극적으로 떠맡을 이유를 찾기 힘들다.

– 영전을 축하한다.

인사발령으로 자리를 옮긴 사람들에게 습관적으로 하는 말이다. 좋은 자리로 가게 된 것을 축하한다는 의미이지만 그렇지 못한 경우에라도 상대의 위신을 세워주기 위해 쓰인다.

– 그거 내가 한 일이다.

경력이 많은 공무원들이 자랑삼아 쓰는 말이다. 그러나 여러 사람들과 같이 했거나 그저 조금 관여한 정도인 경우가 적지 않다. 조직 특성상 혼자서 큰일을 하기 어렵다.

– 규정상 안 된다.

민원인의 어려운 사정이 있어도 규정에 없거나 어긋나면 선을 긋는다.

- 감사 때문에 어렵다.

어떤 행위나 처분으로 지게 될 책임에 대해 예민하다. 특히 새로운 것을 할 때 더욱 그렇다.

- 고려하다. 감안하다.

어떤 판단을 내릴 때 흔히 쓰는 말이다. 근거를 찾거나 사정을 참작하고자 한다. 그러나 때로는 결론을 미리 정해놓고 이를 합리화하기 위해 갖다 쓴다.

- 나도 그 자리에 가면 할 수 있다.

공무원 사이에는 평등주의가 강하다. '기회가 주어지지 않아서 그렇지 내게도 기회가 주어진다면 누구보다 잘 할 수 있다'고 생각한다. 기회가 공평하게 주어지지 않는 데에 대한 불만이 깔려 있다. 기회가 주어진다고 모든 사람이 성과를 내는 것은 아니지만 기회가 주어지지 않아 성과를 내지 못하는 사람도 분명 존재한다.

3. 난공불락 칸막이

선이 벽이 되다

"경계를 그음으로써 대립이 생긴다. 그러므로 우리가 대립의 세계 속에 살고 있는 이유는 우리의 삶이 경계선을 긋는 과정이기 때문이다. 경계를 실재하는 것으로 믿고 있기 때문에 대립을 영원히 격리된, 화해할 수 없는, 분리된 것이라고 완고하게 생각한다."[60]

우리는 본래 하나인 것에 적당히 선을 그어놓고는 그 선을 고정적인 것으로 본다. 선은 어느새 경계가 된다. 바람 한 번 불면 지워질 선이 서로를 단절시키는 벽으로 변질된다. 경계의 역사가 이렇다 보니 경계는 소통보다는 단절과 갈등을, 관용보다는 타격을 불러일으킨다.

"사람들은 동포들과의 비밀 집회에 틀어박히기 위해서 인류라는 거대한 들판에서 호흡하던 야외를 떠나는 것입니다. 정신을 위해서는 이보다 더 나쁜 것이 없으며, 문명을 위해서는 이보다 더 유감스러운 일이 없습니다."[61]

---

60) 켄 월버, 『무경계』, 무우수, 2005, pp. 46~9.
61) 에르네스트 르낭, 『민족이란 무엇인가』, 책세상, 2006, p.75.

20~30만 년 전 출현한 현생 인류는 침팬지보다 그 유전적 다양성이 적을 만큼 서로 별 차이가 없다. 아주 작은 집단에서부터 유래되었기 때문에 충분한 다양성을 확보하기에는 시간과 규모가 부족했기 때문이다. [62] 현생 인류는 피부색이나 생김새와 관계없이 한 가족이다. 여기에서 자신들이 속한 집단의 순수성을 내세워 다른 이들을 배척하는 행위는 그저 정치권력을 획득하기 위한 하나의 술수에 불과하다. 혹은 알고 보면 열등감일 뿐인 우월주의다.

　하물며 공직 사회의 부처나 부서나 직렬은 어떠한가. 부처, 부서나 직렬은 국민의 복지를 위해 만든 임시적이고 인위적인 구성물이다. "헤쳐 모여!" 하면 곧 다시 만들어질 엉성한 집합이다. 특별한 근거나 명분이 여기에 있지 않다.

　"우물 안 개구리에게는 바다 이야기를 할 수 없고, 여름 벌레에게 얼음 이야기를 할 수 없고, 마음이 굽은 선비에게 도를 이야기할 수 없다."[63] 우물 안 개구리는 자신이 우물 안에 있는 것을 모른다. 우선 자신이 우물 안에 있다는 것을 아는 게 중요하다. 그러면 기를 쓰고

---

62) 빌 브라이슨, 『거의 모든 것의 역사』, 까치글방, 2003, p.484.
63) 장자, 『장자』, 현암사, 2015, p.359.

우물 밖으로 나가려고 할 것이다. 밖에 나가면 뱀이나 족제비에게 잡아먹힐 수도 있으니 그냥 우물 안에 있겠다고 한다면 손바닥만 한 세상을 살 것이다.

공무원들이 하는 일이 비슷해 보여도 실제로는 서로 다르다. 세세하게 나눠진 부서들 중 어느 특정 부서에서 근무하게 된다. 그런데 부서를 나누는 것은 일을 효율적으로 처리하기 위함이다. 그 이상도 그 이하도 아니다. 공무원들의 '자리'를 만들기 위한 것은 부수적인 것이다. 이처럼 부서는 고정불변의 것이 아니며 공무원이 부서를 위해 존재하는 것도 아니다. 그런데도 일단 부서를 나눠 운영하게 되면 개별 부서의 관점이나 이익이 전체의 그것보다 우선시되는 모순이 벌어진다. 부서는 유기체처럼 독립적인 존재로 변질돼 'My way!'를 외친다. 때로는 몸집을 키우려는 속내를 드러낸다. 이렇다 보니 부서 사이의 충돌이 일어난다. 부서장은 절대 자신이 속한 부서가 중요하지 않다거나 업무가 줄고 있다고 말하는 법이 없다. 그것은 금기다. 오히려 어떤 계기만 생겨도 일이 많고 어려워져 부서의 규모를 키워야 한다는 논리를 편다. 이런 점에 대해서는 부서의 구성원 전체가 하나가 된다. 부서들이 톱니바퀴처럼 맞아 돌아가는 것이 아니라 제각각 겉돌며 비틀거린다. 주민을 위해 일해야 할 공무원이 부서의 논리와 이익에 함몰됨으로써 부서 사이의 칸막이는 공고해진다.

인간은 분리 지향적 존재이다. 큰 것을 작은 것들로 쪼개고 거기에 집착한다. 인간의 못 말리는 성향 중 하나다. [64] 조선의 지배세력이었던 성리학파는 처음에는 동인과 서인으로, 동인은 남인과 북인으로, 서인은 노론과 소론으로, 노론은 다시 시파와 벽파로 끊임없이 가지를 친다. 굳이 광활한 영역을 벗어나서 협소한 영역으로 파고들어가 비로소 소속감을 느끼고 순수한 척하기를 좋아한다. 부서 칸막이나 직렬 순혈주의는 혈족이론과 다를 게 없다. 혈족에게는 무조건적 호의를 베풀며 혈족이 아닌 사람에게는 낙인을 찍어 배척한다. 타인을 배척하는 것은 이기주의의 발로이며 비겁함의 표시이다.

"동료의 업무를 두고 다른 방식으로 일하면 얼마나 더 좋은 결과를 얻을 수 있을까 하고 토론하는 프랑스식은 한국에서 상상도 할 수 없다." [65] 공무원 사회에서는 다른 부서의 업무에 대해 관여하지 않는 것을 불문율[66]로 삼는다. 만일 다른 부서의 업무에 관여하다간 해당 부서의 격심한 반대에 직면하거나 같은 방식으로 보복을 당한다. "당신

---

64) 이진수, 『빅싱킹』 미다스북스, pp.127~132.
65) 『한국인은 미쳤다』 p.54.
66) 공직사회에는 여러 가지 불문율이 있다. 다른 부서 업무에 대해 의견을 내거나, 전보다 못한 자리로 이동한 사람에게 이유를 묻거나, 업무 능력이 별로인 직원이 비서실로 배치된 이유를 따지거나, 상관의 이상한 습관에 대해 물어보면 안 된다.

이 무슨 자격으로 남의 일에 왈가불가 하느냐?" 다른 부서의 업무는 관여하면 안 되는 '남의 일'이 된다. 당연히 수평적 토론이 어렵다. 공직사회의 회의는 격 없는 의견 교환이 이뤄지는 진정한 회의라기보다는 상관이 업무지시를 내리는 자리에 가깝다. 공무원들은 부서를 넘어서 토론하는 대신 자기 부서의 업무에 대해서만 주장한다. 문서에 눈을 고정시킨 채 옆을 보지 않는다. 놀랍게도 과장이나 국장이 균형을 도외시한 채 자신의 업무에 대해 맹신에 가까운 충성심을 보여주는 모습은 일상적이다. 상관은 권력에 취한 듯 자신의 이야기만 늘어놓고 직원들은 자신의 일에 대해서만 보고한다. 아파트에 사는 것처럼 상호 연결 없이 따로 존재한다.

흔히 사일로식 사고는 문명 몰락의 한 원인으로 지목된다. [67] 이는 협동을 불가능하게 하는 구획화한 사고 및 행동이다. 우리에게 닥친 고도로 복잡한 문제를 해결하는 데 장애물이 된다. 게다가 공무원처럼 동질적인 집단에서는 더욱 한쪽으로 치우칠 가능성이 높다. 같은 생각을 하는 사람들끼리 모이면 정보의 공유, 확증 편향, 평판의 압력 등으로 균형을 잃고 오히려 더 극단적인 생각에 빠진다. [68] 연고주의

---

67) 레베카 코스타, 『지금 경계선에 서서』, 샘앤파커스, 2011, p.208.
68) 캐스 선스타인, 『우리는 왜 극단에 끌리는가』, 프리뷰, 2011, pp.40~49.

나 분파주의만큼 빠지기 쉬운 함정도 없다. 빠지는 줄도 모르게 빠지게 된다.

눈에 보이지 않는 칸막이가 눈에 보이는 장애물보다 넘어서기가 더 힘들다. 예를 들어 종전과 다른 상황이 전개되거나 기관장이 새로운 지시를 하면서 어느 특정 부서의 소관이라고 보기에는 어려운 일이 생기는 경우가 있다. 그린벨트에 '미니 직주 근접형 스마트 신도시'를 조성한다면 그린벨트 해제 업무를 맡는 도시계획과인지, 산업구조의 재편을 맡는 산업정책과인지, 정보통신기술 업무를 맡는 정보통신과인지, 주택 건설을 담당하는 주택정책과인지, 기업 지원과 유치를 맡는 기업지원과인지, 교통네트워크가 중요하다는 점에서 이를 담당하는 교통정책과인지, 기획 업무를 담당하는 정책기획과인지 헷갈린다.

요즘 들어 도시재생이 부각되고 있다. 으레 그렇듯 하나의 유행이 되었다. 오래되었거나 제 기능을 수행하지 못하는 도시의 거주 여건을 개선해 주민의 삶의 질을 높이자는 것이다. 이러한 취지에도 불구하고 개념이 유동적이어서 보는 이에 따라 다르게 받아들이고 있는 실정이다. 어느 지역에 조성된 지 수십 년이 넘은 도심 지역이 있는데 기반시설은 낙후되고 편의시설은 부족한 탓에 범죄는 늘고 주민들은 다른 곳으로 옮겨 가 점차 슬럼화 되고 있다고 치자. 이 지역의 도시

재생을 공약으로 내건 정치인이 당선되었다면 어느 부서가 이를 맡을지가 관건이다. 자치행정과, 도시계획과, 평생교육과, 정책기획과, 재난안전과, 문화예술과, 도로건설과 등 관련 부서는 얼마든지 있다. 어디에 초점을 둘지에 따라 주요부서가 달라진다. 종합적인 접근이 필수적이기에 어느 부서도 관련성을 부인하기 어렵다. 하지만 적극적으로 나서는 부서는 보기 어렵다.

"한국은 선박 건조, 자동차 제조, 메모리 칩, 디스플레이는 물론 행정가, 문화비평가, 예술가 등 미세한 분야의 전문가를 양산해왔다. 그러나 전문가들은 자신의 활동 영역에만 집중한다. 자신의 분야 이외에 다른 주제에는 관심이 없다. 다른 분야의 인물들과 만나 지적이고 생산적인 교류의 장을 여는 데는 미숙하다. 한국의 전문가는 외부인과의 긴밀한 관계를 발전시키거나 외부인이 세상을 어떻게 이해하는지에 대한 상상력이 부족하다."[69] 공무원이 다른 분야의 인물들에 대해 관심이 없는 것처럼 공무원 내부에서도 다른 부처나 부서의 업무에 대해 관심이 없다. 같은 편은 편하지만 뻔하다. 동질적인 모임에서 아무리 폭탄주를 돌린다한들 생기는 건 끈끈함이지 상상력이 아니다.

---

69) 임마누엘 페스트라이쉬, 『한국인만 모르는 다른 대한민국』, 21세기북스, 2013, p.59, 72.

이렇게 살 건지 벽을 틀 건지는 공직사회뿐 아니라 한국사회 전체의
거대한 이슈다.

알고 보니 싸움닭

낯선 일이 생기면 부서들끼리 핑퐁을 친다. 시간이 흐르면서 어쨌
든 일을 처리해야 하는 압박감은 커진다. 결국 기획부서가 나서 주관
부서를 결정하는 회의를 연다. 부서들은 우선 자기 부서의 일이 아니
라는 방어부터 하고 본다. 그런데 그 모습이 일만큼이나 낯설다. 평소
순응적이고 얌전한 공무원들이 서슴없이 격한 표현을 쓴다. 방어를
주로 하지만 공격도 마다 않는다. 패잔병이 되면 안 된다는 각오를 한
사람들 같다. 고성이 오가고 기어코 육박전까지 치를 기세다. 회의를
주재하는 측이 이제 "그만하시죠!" 하면 "지금 그만 하게 되었습니까?
이게 말이나 됩니까? 자기들 일을 떠넘기는 거 아닙니까? 지금. 에~
이 씨!" 회의 주재자는 상대의 거친 태도에 할 말을 잃고 만다. 이때
누군가가 틈을 파고든다. "이 부서도 저 부서도 못 맡겠다고 하니 그
럼 기획부서에서 맡으면 되겠네." 기획부서는 "아니, 그런 식으로 하
면 우리가 다 해야 되는 거네. 그럼 여기 모인 부서들 필요 없으니 다
없앱시다."라고 받아친다.

주관부서를 정하는 일은 결론을 내리지 못한 채 기관장에게로 넘어

가고 만다. 우여곡절 끝에 기관장의 지시에 의해 강제로 특정 부서에 배정된다. 해당 부서는 최대한 빠른 시일 이내에 인력을 지원받는 조건으로 마지못해 일을 맡는다. 주관부서는 그 일에 애정이 없다. '주어온 아이'처럼 홀대한다. 혼나지 않을 만큼만 노력을 기울인다. 일은 생명력을 갖기 어렵다.

  이미 맡고 있는 업무가 있기에 굳이 새로운 업무를 맡아서 할 동기가 약하다. 새로운 업무를 맡는다고 당장 월급이 올라가거나 승진을 하는 것도 아니다. 이 일이 어느 부서에 배정되면 구체적으로는 그 부서의 직원들 중 한 명이 이를 전담하게 된다. 직원들은 이미 업무 분장표에 따라 자신의 일을 갖고 있기 때문에 새로운 업무는 추가적인 부담이 될 수밖에 없다. 설사 직원이 선의로 새로운 일을 떠맡겠다고 해도 소속 팀장이나 과장이 반대할 가능성이 높다. 맡지 않으면 그만인데 굳이 고생하면서 책임까지 지고 싶지 않은 것이다. 일이 늘어나는 걸 반기는 이는 드물다. 게다가 여러 부서의 협력을 끌어내야 하기에 일이 어렵다는 것을 잘 안다. 주관부서가 정해지는 순간 협력 부서는 아무리 애를 써도 자신의 성과가 되지 않기에 얼마 안 가 방관자가 되기 쉽다. 따라서 시간이 지나면 주관부서만 애를 먹는 상황이 벌어진다.

■ 축구공 뽀개기

잇단 사고로 키즈카페의 안전 관리가 문제로 부각된다. 6개 부처가 관련된다. 아이들의 안전에 대해서는 보건복지부, 음식의 조리 위생 관리는 식품의약품안전처, 시소 미끄럼틀 같은 어린이 놀이시설의 안전관리는 행정안전부, 미니기차 범퍼카 등 동력으로 움직이는 유기遊技기구는 문화체육관광부, 실내 공기질이나 마감재에 대한 안전관리는 환경부, 어린이 놀이시설에 대한 안전 인증은 산업통상자원부가 각각 담당하고 있다. [70] 이러다 보니 여러 부처가 책임을 놓고 서로 미룬다. 2013년 주무부처를 당시 안전행정부로 일원화하였으나 2014년 안행부의 전문성 부족 등으로 문화체육관광부로 이원화된 상황이다. 이용자가 늘면서 키즈카페 안전사고가 크게 증가하고 있다. 하지만 문화체육관광부와 지방자치단체 공무원 1~2명의 형식적인 단속에 그치고 있는 실정이다. 통합적인 관리가 가능하도록 총괄부처가 필요하다. 업무는 사과처럼 쪼갤 수 있는 것이 있는가 하면 축구공처럼 그렇게 해서는 안 되는 것도 있다. 키즈카페의 안전 관리는 어디에 해당할까. 답이 궁금하면 어머니들에게 물어보면 된다.

---

70) 또 다른 예로 개나 고양이를 들 수 있다. 반려동물은 농림축산식품부, 야생동물은 환경부, 동물의 등록 구조는 지자체, 실험동물은 식품의약품안전처가 각각 나눠 맡는다.

산 넘어 산

수도권에는 도시의 무분별한 팽창을 막기 위해 오랜 전부터 그린벨트가 운영되고 있다. 관내 지역의 대부분이 그린벨트로 묶여 있는 몇몇 기초자치단체들이 이를 완화해줄 것을 지속적으로 건의해왔다. 노력 덕분에 드디어 관련 규정그린벨트의 조정을 위한 도시관리계획 변경안 수립지침이 개정되었다. 국토부장관은 30만 제곱미터 이하의 그린벨트에 대해서는 해제 권한을 시·도지사에게 위임했다. 해당 지자체들은 쌍수를 들고 환영했고 도시계획을 재수립하고자 부산을 떨었다. 그러나 기쁨도 잠시였다. 국토부가 위임사항에 대해서 사전 협의하도록 한 것이다. 여기서 협의는 사전적 의미가 아니다. 사실상 허가와 같다. 결국 종전과 달라진 게 없다.

부서만 있고 부처는 없다

광역철도 건설을 위해 중앙부처와 업무 협의를 한 적이 있다. 도로나 하천이나 철도 등은 그 위계에 따라 국가의 소관이 있고 광역자치단체의 소관이 있고 기초자치단체의 소관이 있다. 광역철도는 중앙부처의 소관이다. 광역철도를 지역에 건설하기 위해서는 우선 중앙부처의 철도계획에 반영이 되어야 한다. 그런데 철도계획에 반영하기 위해서는 사전에 관련 부서와의 협의가 선행되어야 한다. 여기서 협의는 사전적 의미와 다르다. 서로 모여 의논하는 일에 그치는 것이 아니라 사실상 상대의 허가를 받는 것을 의미한다. 지방자치단체로서는 중앙부처와의 협의가 결코 쉽지 않다. 지방자치가 도입된지 오래되었지만 중앙부처가 갖고 있는 권한은 막강하다. [71]

국토부에는 철도업무를 하는 부서가 여럿 있다. 세 개 부서_{부서명은 밝히지 않겠다}와 협의를 해야 했는데 부서들의 입장이 다 달랐다. 한 부서와 어렵게 협의를 마치면 다른 부서가 협의된 내용에 이의를 제기했다. 그때마다 처음부터 다시 시작해야 했다. 협의하다 지쳐 포기하고 싶을 정도였다. 허들을 일정한 간격으로 배치해놓은 장애물 달리기는 허들을 쓰러뜨려도 골인할 수 있지만 협의는 어느 하나에라도 충돌하면 인정받지 못한다. 세 부서가 같이 모여 한 번에 협의를 하거나 부처의 통일된 입장을 정리해주면 일이 빨리 진전될 것이다. 그러나 각 부서는 다른 부서의 입장에 무관심했다. 다른 부서의 의견을 제시하고 협조를 구하면 "그건 난 모르겠고."라고 모른 체 했다. 오직 자기 부서의 입장만 강조했다. 같은 공무원도 이렇게 힘든데 민간인들은 얼마나 힘들까. 개별 부서의 의견만 있고 부처의 통합적 입장은 없었다. 행정은 점점 복잡하게 변한다. 결코 반갑지도 바람직하지도 않

---

71) 지자체는 재원 및 권한의 배분 등을 감안하면 현행 자치는 '20% 자치'에 불과하며, 명실상부한 지방자치를 위해서는 '40% 자치'는 되어야 한다고 주장한다.

은 현상이다. 그 뒤에는 부서 칸막이가 있다.

4. 망할 순혈주의

누군가는 편 가르기로 이득을 취한다

"우리는 구제 불가능할 정도로 부족 중심적인 동물이다."[72]

늘 내 편 네 편을 따진다. 내 편을 이유 없이 거들고 네 편을 근거 없이 배척한다. 누군가는 편 가르기를 통해 이득을 취한다. 울타리가 높을수록 이득이 커진다는 것을 알고는 울타리 높이기에 골몰한다. 울타리를 치는 것은 개가 이곳저곳에 자신의 소변을 묻혀놓고는 자기 땅이라고 우기는 일과 같다. 명분이 없는 데다가 비라도 내리면 흔적도 없이 사라지기에 그렇다.

인류는 인종, 문화, 언어 등에서 매우 다르게 보이지만 유전자의 99.9%가 같다. 간단히 말해 생김새가 조금 달라 보일 뿐이지 사실상 같다. 지구상의 생명 중 이렇게 차이가 없는 종도 드물다. 살아 있는 생물은 단 하나의 계획에서 비롯되었다. 38억 년에 걸친 케케묵은 조절, 적응, 변이 그리고 행운의 수선결과일 뿐이다. 놀랍게도 우리는 흔히 생각하는 것보다 초파리나 채소에 훨씬 가까우며 바나나에서 일

---

72) 리처드 도킨스, 『이타적 유전자』, 을유문화사, 1993, p.234.

어나는 화학적 기능의 절반 정도가 우리의 것과 동일하다. [73]

사실이 이런 데도 우리는 순혈주의라는 거짓에 휘말린다. 그런데 순혈주의는 왠지 달콤하다. 알고 보면 설탕 덩어리인 탄산음료의 맛에 중독되듯 거짓의 달콤함에 빠진다. 순혈주의는 도대체 그 출처를 알 수 없는 거짓말이다. 그리고 그런 거짓말을 엮어대는 인간들이 씨앗만큼이나 많은 것도 사실이다.

"사실 검은 대지는 아무도 그 출처를 알 수 없는 거짓말을 엮어대는 그런 인간들을 씨앗만큼이나 많이 기르고 있지요." [74]

공무원은 직군과 직렬로 나눠져 있다. 행정, 시설, 사회복지, 공업, 환경, 보건, 간호, 전산, 정보통신, 농업, 해양수산 등이다. 또 시설은 토목, 건축, 지적, 도시계획, 디자인 등으로 공업은 전기, 기계, 화공 등으로 나눠져 있는 등 수많은 직렬이 존재한다. 그중에서도 행정직 렬에 속하는 공무원이 많다. 지자체에는 이들이 전체의 50% 가까이 차지한다. 그 다음으로는 시설직, 사회복지직 등이 많지만 행정직의

---

73) 『거의 모든 것의 역사』 pp.418, 436.
74) 호메로스, 『오뒷세이아』 숲, 2007, p.253. 알키노오스가 오딧세이에게 한 말이다.

수에 비교하면 차이가 크다. 그 외 직렬은 말 그대로 소수직렬로 전체 공무원 대비 한 자리 비율로 1%에도 못 미치는 직렬도 있다. 고작 1명만 존재하는 직렬도 있다.

공무원들이 가장 선호하는 부서는 인사, 총무, 조직, 기획, 예산, 감사 등이다. 소위 권력부서 또는 요직부서로 불린다. 모두 최종 인사권자에 가까이 있거나 가까이 있다는 것은 물리적 차원뿐 아니라 업무의 성격상 자주 접할 수 있다는 의미를 포함한다 같은 공무원들에 대해 우월한 지위를 갖는 부서다. 직원을 평가 내지 관리하고 그에 따른 보상 수준을 결정한다. 이들 부서의 직원들은 일을 잘하면 바로 눈에 띈다. 그만큼 빨리 승진할 수 있다. 설사 일을 잘하지 못하더라도 부서가 누리는 프리미엄 덕에 인사 등에 있어서 평균 이상의 혜택을 받는다. 일을 잘하는 만큼 평가받을 수 있다는 점은 생각보다 중요하다. 외청이나 사업소에서 근무하는 직원은 어지간한 성과를 올려선 눈에 띄기 어렵다. 그런 부서는 최종 인사권자로부터 멀리 떨어져 있는 탓에 주목을 받기 어렵다.

그런데 이들 부서는 대부분 행정직으로 채워져 있다. 간단히 말하면 행정조직은 행정직이 독점하는 일극구조다. 팔이 안으로 굽듯 요직을 차지한 행정직들이 다른 직렬보다 과잉 대표된다. 예를 들어 7·8·9·6급 공무원의 구성에 있어서 행정직과 비 행정직의 비율이

5 : 5이라면, 간부급5급, 4급, 3급으로 올라갈수록 행정직의 비중이 높아져 6 : 4나 7 : 3으로 바뀐다. 인사부서를 예를 들면 담당 직원부터 팀장, 과장, 국장, 부기관장에 이르기까지 모두 행정직인 경우도 적지 않다. 이런 상황이 오랜 기간 동안 이어져오다 보니 막상 행정직은 물론 비 행정직조차 이런 일을 당연한 것으로 받아들인다.

이들 부서에 근무하는 행정직 공무원들은 다른 직렬이 자신들의 부서에 배치되는 것을 적합하지 않다고 여긴다. 이들 부서의 업무를 순수한 의미의 행정으로 인식한다. 행정은 행정직렬 위주로 이뤄져야하며 비 행정직은 행정직의 업무를 보조하거나 기술적인 업무를 감당해야 한다고 생각한다. 이것이야말로 순혈주의다. 순혈주의가 법처럼 조직 안에 떡하니 자리를 잡고 있다. 이를 건드리면 행정의 근간을 흔드는 위험한 도전으로 간주한다. 협업이니 융합이니 통섭이니 콜라보레이션이니 아무리 외쳐도 순혈주의가 워낙 견고해서 별다른 영향을 주지 못한다.

그러나 순혈주의에 근거라고는 없다. 있는 것은 욕망과 아집으로 버무려진 관념뿐이다. 어느 법령에도 이를 뒷받침하는 조항이 없다. 단지 행정 내부의 규정으로 정하고 있을 뿐이다. 즉 공무원 스스로 얼마든지 바꿀 수 있는 사항이다. 문제는 이를 바꾸는 권한도 행정직이 갖고 있다는 것이다. 사정이 이렇다 보니 외부의 충격이 없는 한 바뀔 일이 없다. 이 입장이면 꼭 행정직이 아니더라도 '지금 이대로!'라고 건배사를 외칠 만하다.

행정은 유기체[75]다. 외부적 요인과 내부의 문화나 제도 간의 상호 작용 속에 끊임없이 변한다. 고정되어 있는 행정은 존재할 수 없다. 변하지 않으려고 한다면 커다란 저항에 직면할 것이다. 최근의 행정은 외부 환경의 급격한 변화로 종전보다 더 큰 변화의 압력에 놓여 있다. 과학기술은 급속히 이뤄지고 주민의 요구는 더 높아지고 있다. 행정이 감당해야 할 일들이 예전과는 비교할 수 없을 정도로 복잡해지고 까다로워지고 있다. 여기에 적절히 대처하는 데에 순혈주의는 방해물이 될 뿐이다. 동종교배가 종족의 퇴행을 가져오듯 순혈주의는 공무원의 정체를 야기한다. 행정은 유연성 높은 잡종hybrid의 조직으로 거듭나야 한다. 이것은 시대의 요구다. 이 흐름을 읽지 못하면 행정은 늘 뒷북만 치는 천덕꾸러기 신세에서 벗어나지 못할 것이다.

---

75) 아르놀트 하우저, 『문학과 예술의 사회사 4』, 창비, 2016, p.29. "기업은 자율적 유기체가 되어 자신과 접촉하는 모든 사람을 노예로 삼는 폭군이 된다. 사람이 만든 근대 자본주의라는 체제가 오히려 그것을 지탱하는 사람들로부터 독립해 하나의 메커니즘으로 자리잡는다." 정도의 차이가 있을지언정 행정도 비슷한 과정을 밟는다.

이방인과 신규자의 무덤

"과장님 잠깐 시간 좀 있으세요?"

"네. 무슨 일 있으세요?"

"이거 말씀드려도 되나?"

"괜찮아요. 말씀하세요."

"제가 참다 참다 도저히 안 되겠다 싶어 말씀드려요. 팀장 때문에 일을 못 하겠어요. 사사건건 간섭을 해요. 제가 얼마 전에 과장님이 지시하신 최근 몇 년간 지역상권분석에 대해 나름대로 작성해서 팀장에게 줬는데 일주일이 넘어가도록 말이 없어요. 그래서 과장님께 보고하겠다고 하니까 기다려보라는 말만 해요. 그것뿐이 아니에요. 도의원께서 팀장에게 와서 설명해달라고 했는데 저에게 가라고 하더라고요. 가서 욕만 먹었어요. 제가 한 일도 아닌데. 팀 회식에 빠졌다고 아직 공무원 되려면 멀었다고 하지 않나, 저녁에 일찍 퇴근한다고 분위기 좀 해치지 말라고 하지 않나. 제가 숨을 쉴 수가 없어요. 저는 임기제잖아요. 그냥 좀 놔두면 알아서 할 수 있는데."

"좀 심한 것 같네요."

"이건 저를 길들이겠다는 것밖에 안 돼요."

"밖에서 근무하시다가 여기 오시면 많이들 힘들어하세요. 공무원 사회가 좀 특이해서. 답답하신 면이 많을 거예요."

"저도 여기 올 때에는 그냥 오지는 않았어요. 당연히 마음의 준비를 하고 왔죠. 그래도 이건 너무 해요. 그럼 차라리 뽑지는 말든가."

　임기제_{계약직} 직원이 찾아와 너무 힘들다고 하소연을 했다. 그는 월급이 적은데도 근무여건이 더 좋은 것 같아 회사생활을 그만 두고 공무원을 선택했다. 그러나 실적보다는 절차나 조직문화를 강조하는 공무원 사회에 고전했다. 가뜩이나 이방인 같아서 낯선데 팀장이 그렇게 나오니까 공무원 된 것을 후회한다고 했다. 나중에 팀장을 불러 배려를 부탁했더니 팀장은 오히려 그를 위아래도 없고 막무가내라고 힐난했다. 공무원으로 훈련을 시켜야 한다고 우겼다.

　행정의 관료화를 완화하고자 개방형 직위를 만들어 민간의 전문가를 채용하는 제도가 있다. 공무원들이 스스로 전문성을 갖추면 좋지만 현실적으로 어려운 점이 많다. 그런데 개방형 직위를 만들어 놓아도 보상이 충분하지 않아 우수한 전문가들이 오지 않는다. 인사혁신처에 따르면 현재 공무원의 평균 월급은 상용근로자 100인 이상 사업체 사무 관리직 보수의 83.4%[76] 수준이다. 정부는 공무원 월급을 100인 이상 사업장의 상용근로자 수준까지 올리겠다는 목표를 세웠으나 해마다 하락하고 있다. 공무원 수가 늘면 이 수치는 더욱 떨어질 것이다.

---

76) 한국경제신문, "대한민국 공무원으로 산다는 건", 2016.12.18.

월급의 수준보다 더 큰 문제는 순혈주의다. 어렵게 민간전문가를 채용해도 취지만큼 효과를 보지 못한다. 이들이 공직사회 특유의 문화에 적응하지 못하는 탓이다. 처음에는 새로운 시도를 해보지만 곧 넘을 수 없는 벽의 존재를 절감한다. 혁신을 포기한 채 적당히 맞춰 일을 함으로써 개방형 채용의 취지가 무색해진다. 민간영역에서 일하던 사람이 성과나 결과보다는 질서나 절차를 중시하고 변화보다는 순응을 강조하는 조직문화에 적응하기란 쉽지 않다. 그들에게는 공무원 문화에 동화되어 자리를 유지하거나 자리를 박차고 나오거나 하는 두 가지 선택지밖에 없다. 그만큼 공직사회의 문화는 특이하며 폐쇄적이다.

매년 신규 공무원들이 들어온다. 신규 공무원들이 부서에 배치되면 그들이 갖고 있는 힘과 새로움이 부서 전체에 영향을 줄 수 있다. 말 그대로 새로운 피의 수혈이다. 그들은 아직 때 묻지 않은 자로서 신선한 문화를 퍼트리는 변화의 촉매가 될 만하다. 하지만 현실은 이와는 거리가 멀다. 그들은 알게 모르게 기존의 조직 문화에 순응할 것을 강요받는다. '칼퇴'를 하거나 '혼밥'을 하거나 부서 내 잡일에 관심을 두지 않거나 하면 기존의 직원들로부터 견제를 받는다. 직접 야단을 치지 않더라도 이들을 괴롭히는 방법은 얼마든지 많다. 작성한 문서를 공연히 트집 잡거나 결재를 고의로 지연시키거나 부서 전체 행사에서 왕따를 시키거나 버르장머리가 없다고 소문을 내거나 등. 평판은 한 번 만들어지면 두고두고 따라다닌다. "그 신입 어때?"라고 물을 때 "그냥 그래.", "요새 다 그렇지 뭐."라고만 해도 평판은 나쁘게 돈다. 나쁜 평판은 신규 공무원에게 치명적이다. 신규 공무원들은 당하는지도 모르게 당한다.

이런 식으로 개방형 공무원들과 신규 공무원들은 길들여진다. 공직 경험이 없거나 직급이 낮은 그들이 적극적으로 변화를 꾀하는 것은 말처럼 쉽지 않다. 여기에 기존 공무원들의 배려가 필요하다. 낯선 아이디어를 내놓아도 "그래 한 번 해봐라!"라고 믿어줘야 한다. 선배라고 하면서 술을 사주고 자신의 경험을 한 보따리 안겨주는 게 이끌어주는 것이 아니다. 그들을 서툴어도 변화를 가져올 수 있는 주인공으로 봐줘야 한다. 그들에게 순응하기를 강요하기보다는 적극적으로 따지기를 권해야 한다. 익숙한 것만 고집하면 바뀔 것은 없다. 행정은 사회와 격리되어 갈라파고스 섬[77]처럼 존재할 수 없다.

---

77) 찰스 다윈이 환경의 변화에 따른 생물의 진화를 확인한 곳으로 그의 책 『종의 기원』에 등장한다.

비우회와 인우회의 폭주

– "비우회 알아요?"

– "비우회? 그게 뭔데요?"

– "그럼 인우회는?"

– "인우회는 또 뭐고요?"

– "그것도 아직 모르네. 공무원 생활 헛했네. 헛했어요. 하하하"

공무원을 시작한 지 2, 3년 지났을 때인가 한 기자가 비우회와 인우회의 존재에 대해 물어본 적이 있다. 나는 정말 몰랐다. 그가 물어본 것은 단순히 모임의 존재를 아느냐 보다는 일이라는 게 어떻게 돌아가는지 아느냐 하는 것이었던 같다. 그러고는 좀 한심하다는 표정을 지으며 힘 있는 모임 한두 개쯤에는 발을 들여놓으라고 조언까지 했다.

행정 내 자신들을 특별한 존재로 인식하고 지대를 추구하는 자들이 있다면 순혈주의의 패거리다. 유별나게 힘 있는 사람들이 있다. 비우회비서 출신들의 모임와 인우회인사부서 출신들의 모임가 그중 하나다. 한번 비서실이나 인사부서와 인연을 맺게 되면 나중에 다시 근무하게 되는 경우가 적지 않다. 업무 경험 덕이기도 하지만 인간관계 덕이기도 하다. 그런데 업무 능력이 탁월해서 비서실이나 인사부서로 발탁되기도 하지만 다 그런 것은 아니다. '보이지 않는 힘'이 작용한 것처럼 보이기도 한다. 인사 발령이 나면 누가 누구의 '빽'으로 갔다는 소문이 돈다. 사실 여부는 가려지지 않지만 그 직원의 업무 능력이나 출신을 확인해보면 수긍이 가는 측면이 없는 건 아니다.

비우회나 인우회 외에도 이러저러한 인연을 매개로 뭉친 힘깨나 쓰는 공무원들의 모임이 있다. 공직 사회는 평가에 있어서 객관적인 수치판매 실적나 통계 같은 것이 존재하지 않기 때문에 평판이나 영향력이 중요한 요소가 된다. 이런 이유로 영향력 있는 모임을 만들려는 동기가 강하다. 이들은 소수정예를 지향한다. 동문회나 향우회는 규모가 커서 똘똘 뭉쳐 일을 도모하기에 적합하지 않다. 회원의 지대를 극대화하는 전략은 '멤버는 작게 네트워크는 크게'다. 큰 네트워크를 만들기 위해 잘 나가는 사람이나 어르신이나 선배를 수시로 모신다. 술자리가 잦을 수밖에 없다. 잦은 술자리는 모임을 더욱 폐쇄적으로 만든다. 모임은 존재 자체가 베일 속에 감춰져 있다. 비난받을 지도 모르는 데다가 전력이 노출되기를 꺼려하기 때문이다.

이들이 영향력을 보여주는 때는 인사 시즌이다. 모임의 사람을 요직으로 민다. 회원을 요직에 앉히는 일은 모임이 영향력을 갖기 위해 꼭 필요하다. 같은 이유로 회원이 징계를 받게 될 때에도 이들은 힘을 동원해 징계를 무력화시키거나 최소화하고자 한다. 이들은 직접 영향력을 구사하기도 하지만 평소에 관리해온 언론인, 정치인, 선배 공직자나 지역의 어르신 등과의 네트워크를 활용하기도 한다. 모임을 유지하기 위해 싹수 있는 자를 영입한다. 일을 잘하고 선배를 깍듯이 모실 줄 아는 사람이 1순위다. 그런데 이들은 세상에는 질서가 있다는 고정관념에 사로잡혀 다른 직원들이나 하위 직원들에 대해서는 관심이 적다.

비서실이나 인사부서는 모든 공무원들이 가장 선망하는 곳이다. 여기에 근무한다는 사실만으로 여러 가지 이점을 누린다. 기관장 바로 옆에서 일을 하기 때문에 일을 잘 하면 바로 주목을 받을 수 있다. 아무리 열심히 일해도 전혀 드러나지 않는 외청의 직원을 감안하면 이만저만한 이점이 아니다. 이들 부서의 직원들은 실적 이상의 평가를 받을 공산이 매우 높다. 또 기관장과 인간적인 관계를 맺을 수 있어 기관장에게 자신의 고충이나 바라는 바를 내밀하게 부탁할 수 있다. 비서실 직원은 일반 직원은 물론 자신보다 직급이 높은 간부들이 맡고 있는 업무에 대해서도 간여할 수 있다. 물론 기관장의 지시나 언급을 전제로 하지만 반드시 그런 것만은 아니다. 기관장의 지시나 언급 없이도 비서실 직원이 특정 업무에 관해 스스로 알아볼 수도 있다. 직원들이나 간부들은 어느 경우인지 굳이 따지지 않는다. 그들은 비서실 직원에게 잘 보여야 한다는 강박관념을 갖고 있다. 기관장이 "그 사람 어때?" 하고 물었을 때 비서실 직원의 대답 한마디가 결정적인 영향을 줄 수 있기 때문이다. 간혹 이를 이용해 호가호위하려는 자가 있다. 업무체계에 일대 혼란이 온다.

인사부서 직원은 인사에 있어서 주체가 된다. 다른 모든 직원들은 객체일 뿐이다. 아무리 직급이 높아도 마찬가지다. 인사고과에서 우수한 평가를 받을 수 있는 여건을 스스로 마련할 수 있다. 어떻게 자신의 등수를 관리해야 하는지 알 수 있어서 매우 유리하다. 그리고 인사변동에 관한 정보를 독점한다. 몇 급 자리가 몇 개 나는지 등에 대해 다른 직원들보다 앞서서 알 수 있다. 다른 부서 직원들은 발이 부르트도록 귀동냥[78]을 해야 겨우 얻을 수 있는 정보다. 인사부서의 직원들을 좋아하지 않으면서도 속으로는 부러워한다. 비서실 직원에게처럼 인사부서 직원에게도 잘 보이려 한다.

유리한 점은 승진뿐이 아니다. 보직을 받는 데에도 이점이 있다. 자

---

78) 공직사회만큼 정보에 민감한 경우도 드물다. 귀동냥이란 직원들 사이나 청사 주변에 흘러 다니는 정보를 얻고자 하는 것으로 근거 없는 정보(흔히 '복도통신'이라 한다.)가 많기에 정확한 정보를 얻으려면 고위직이나 인사부서에 줄을 대는 등 특별한 노력을 기울여야 한다.

리 배치는 인사부서의 주요 업무로 인사부서 직원은 원하는 자리를 골라서 갈 수 있다. 그게 어려워도 플랜B를 마련할 수 있다. 인사부서나 비서실에서 근무하다가 승진해서 다른 부서에서 가더라도 나중에 다시 '컴백'할 가능성이 높다. 이들에게는 지원군이 있다. "인사는 해본 사람이 해야 한다."와 "인사는 잘해야 본전이다."는 말이 그것이다. 앞의 것은 이들의 장기집권을, 뒤의 것은 이들의 불균형이나 오류를 덮어준다. 그런데 출처를 알기 어려운 이 말들은 끊임없이 재생산된다. 사실 이런 점을 감안하면 인사부서 직원들에게 인사상의 프리미엄을 주지 않아도 된다.

인사부서나 비서실 직원들이 나쁘다는 게 아니다. 오히려 일을 잘하거나 평판이 좋은 직원들이 많다. 다만 괜찮은 사람도 권력부서에 있다 보면 자신도 모르게 어깨에 힘을 주는 경우가 생긴다. 여기에 일반 직원들이 아예 책임이 없다고 하기는 어렵다. 일반 직원들은 그들 앞에서 지나치게 몸을 낮추곤 한다. 또 누구든 수많은 민원, 부탁, 압력, 청탁 아래 놓이면 균형을 잡기 힘든 측면도 있다. 균형과 견제를 위해 사람을 바꾸기보다는 제도를 고쳐야 하는 이유다.

인사팀원의 모친상

인사팀의 직원이 모친상을 당했다. 그 직원의 모친상 소식이 사내 정보망에 게시되었다. 게시물을 올리자마자 이를 클릭하는 직원들이 쇄도한다. 게시물마다 몇 명이 열람했는지 숫자가 뜬다. 일반적으로 간부급이 아닌 직원들이 부모상을 당하면 전체 직원의 1/5 수준 내외가 열람한다. 그런데 이 직원의 게시물을 열어본 직원들은 전체의 1/2에 달했다. 이 정도는 국장급이 부모상을 당해야 도달하는 수준이다. 많은 직원들은 인사부서 직원들에게 관심이 크다. 혹시 부의금을 보내지 않으면 불이익을 당할까 걱정한다. 보험에 가입하듯 부의금을 보낸다. 게시물을 열어본 직원들의 수와 부의금의 총액은 비례한다고 봐야 한다. 인사부서 직원의 눈에 보이지 않는 프리미엄 중 하나다.

인우회나 비우회 같은 영향력 있는 모임들이 이익을 독점하려고 할 때 조직은 균형을 잃고 보상은 정당성을 상실한다. 이들은 업무 능력이 뛰어날 것이다. 그러나 무엇보다 정말 운이 좋은 사람들이다. 하늘의 별을 딴 사람들이기에 그렇다. 인사부서에서 근무할 기회를 갖지 못해 능력 발휘를 못하는 직원들은 얼마든지 있다. 인사부서는 겨우 대여섯 명의 직원으로 구성되어 있다. 인사부서에 배치되는 일은 하늘의 별따기다.

기회가 사람을 만든다. 실제로 그런 경험을 한 적이 있다. 어느 과에 과장으로 발령받아 갔다. 과에는 일 못한다고 낙인찍힌 직원이 있었다. 같은 자리에서 4년 넘게 근무하는 중이었다. 찾는 곳이 없었던 탓이다. 과내에서도 존재감이 없는 '잃어버린 직원'이었다. 나는 틈틈이 그와 대화를 시도했다. 그가 열패감이 컸지만 업무에 대한 의욕도 적지 않음을 확인할 수 있었다. 그의 숨어 있는 의욕을 끄집어내고 싶었다. 토닥이고 동기를 부여했다. 마침 자리가 생겨 주무팀에 배치했더니 언제 그랬나 싶게 성과를 내기 시작했다. 주변에서 딴 사람이 되었다고 할 정도였다. 그는 동기보다 훨씬 뒤처져 있었는데 성과 덕분에 동기와 비슷하게 승진했다.

이런 점을 보면 요직부서에서 일할 기회가 직원들에게 골고루 돌아가도록 인사를 운용하는 게 맞다. 요직부서의 자리가 소수의 몇 사람들에게만 돌아가게 하는 건 좋지 않다. 요직부서에 관한 한 전문성보다는 기회의 균등이 더 중요한 가치다. 직원 누구나 기회를 가질 수 있도록 한 명 한 명에 맞는 정밀한 설계가 제일 좋다. 그러나 인사부서는 그때그때 처리해야 할 일로 너무 바쁘다. 그래도 구체적인 원칙과 기준을 세울 필요가 있다. 특히 하위직이 그렇다. 요직부서 근처에도 가지 못하는 직원들이 많다. 그들에게 요직부서는 딴 세상 얘기다. 그들 입장에서 업무에 대한 열정이 생기지 않는다. 가능성이 열려있어야 꿈이라도 꿀 수 있다. 다른 한편 아무리 기회를 골고루 나눈다 해도 모든 직원이 요직부서로 갈 수 없다. 요직부서의 정원을 다 합쳐도 전체 인원에 비교하면 극소수에 불과하다. 따라서 다양한 길을 개척해야 한다. 등산 안내도를 떠올리면 이해가 쉽다. 정상을 향한 수많은 코스들이 존재한다. 어떤 코스든 정상에 다다를 수 있는 개방형 구조다. 코스마다 특색이 달라 취향대로 선택하면 된다. 직원마다 자신의 선호대로 부서를 선택하게 하면 된다. 소위 요직부서가 아니더라도 성과를 내면 승진할 수 있어야 한다. 이렇게 되면 요직부서에 대한 수요는 크게 줄 것이다. 그렇다고 '요직부서'가 사라질 것 같지는 않다. 그만큼 매력적이고 언제나 강력하다.

갈고 닦으면 옥석이 될 숨은 인재가 많다. 그러나 현실은 기회에 있어서 균등하지 않은 것처럼 보인다. '첫 보직'이 퇴직할 때까지의 보직을 결정한다는 말이 공공연하게 나돈다. '한번 요직부서는 영원한 요직부서다'는 '한번 열외면 영원한 열외다'는 말과 암수처럼 짝이 된다. 고향 출신에 인서울대학교 졸업 학력에 20대면 성골, 고향 출신에 인서울대 학력이지만 나이가 많으면 진골, 고향에 20대지만 인서울대 학력이 아니면 육두품, 고향도 인서울대 학력도 아니고 나이까지 많은데 결혼까지 안하면 일두품 같은 말들이 우스갯소리만은 아닌 듯하다. 이보다 더한 경우는 그런 말조차 해당되지 않아 상상력을 발휘해야만 하는 경우다. 그것도 '어벤져스급' 상상력이어야 한다.

■ 공직사회의 단절 현상

- 정치권력이 교체되면 기존의 정책이나 행정은 단절되기 일쑤다.

- 부처 간, 부서 간, 직렬 간 단절이 심하다.

- 전후 보직 간의 관련성이 적어 당사자는 업무를 새로 시작해야 한다.

- 부실한 인수인계로 전임자와 후임자 간의 업무 단절이 존재한다.

- 치열하게 노력하던 사람이 승진하면 바람 빠진 풍선처럼 늘어진다.

- 신규 공무원의 초롱초롱한 눈망울은 얼마 안 가 빛을 잃는다.

- 직업공무원과 임기제공무원과의 단절이 존재한다.

- 공직 내부의 폐쇄성은 시민과의 단절을 초래한다.

5. 온정주의, 부패의 고리

정의 끼어들기

행정도 하나의 인간사회인 이상 정서적 요소가 개입될 수밖에 없다. 직원이 상을 당하면 모두 내 일처럼 슬퍼하고 직원 자녀가 시험에 합격하면 한턱내라고 부추긴다. 서로 공감해주고 정을 나누는 일은 조직이나 부서의 운영에 긍정적이다. 소속감을 느끼게 해주고 연대감을 갖게 해준다. 문제는 이런 요소가 업무 영역에도 개입한다는 점이다. 정서적으로 친밀해도 업무는 객관적인 기준대로 처리하는 게 맞다. 그런데 '그놈의 정' 탓에 일을 그르치는 경우가 생긴다. 공무원은 한 직장에서 30년을 근무한다. 서로 정이 안 쌓이면 오히려 그게 이상하다. 정서적 요인은 과하기 쉬운데 업무는 어느 직장보다 객관적이어야 한다. '정 따로, 업무 따로'가 말만큼 녹록치 않다.

고문관

'정말 환장하겠어. 뭐, 내 말을 들어야 말이지. 너는 떠들어라 나는 모르겠다 이거야. 사무실에 와서 그냥 아무것도 안 해. 하루 종일.'

한 과장이 푸념을 늘어놓는다. 공직 내부에는 골칫덩어리가 있다. 일을 너무 못하거나 일에 아예 관심이 없고 주위 동료들을 괴롭히는 일을 취미로 삼는 자들이다. 이런 사람들은 흔히 '고문관'이라 불린다. 고문顧問하는 게 아니라 고문拷問한다고 해서 붙은 이름 같다. 주위 직원들은 이들이 차라리 없는 게 낫다고 생각한다. 왕따를 시키니 더 괴팍해지는 면도 있다. 과장이나 팀장은 이들 때문에 골치를 썩는다. 이들은 실적이 낮고 평판이 나빠 승진이 늦다 보니 직급에 비해 나이가 많다. 인사철이면 각 부서장은 이들을 받지 않기 위해 치열한(?) 전투를 벌인다. 부서장 입장에서 일 잘하는 직원을 영입하는 것만큼이나 일 못하는 직원을 받지 않거나 방출하는 일 또한 중요하기 때문이다. 그러나 부서마다 입장이 같아 뜻대로 되지 않는다. 결국은 공평하게 한두 명씩 나눠 배치된다. 그 와중에도 권력부서는 예외다.

민간 기업이라면 퇴출되고도 남을 사람들이다. 하지만 공직사회는 사실상 신분이 보장되기 때문에 이들은 쫓겨나지 않는다. 징계를 받아 퇴출되는 경우는 있어도 성과가 낮다고 퇴출되는 일은 거의 없다. 엔트로피 법칙처럼 [79] 무질서, 비효율, 낭비, 무사안일 등과 같은 요소들이 점점 조직 내부에 늘어간다. 구멍 난 바가지처럼 조직의 역량이 샌다. 한때는 자치단체에서 이들을 골라내 교육을 시키고 별도의 업

---

79) 제레미 리프킨, 『엔트로피』, 세종연구원, 2000, pp.56~58. 엔트로피 총량은 지속적으로 증가한다(열역학의 제2법칙).

무를 부여한 적이 있지만 지속적으로 추진되지 못했다. 신분보장제도
가 근본적으로 변하지 않는 한 고문관의 퇴출은 실현되기 어렵다.

　신분보장은 이중의 칼날이다. 자긍심을 갖고 안정적으로 업무에 임
하게 하는 장점이 있는가 하면 이에 과도하게 의존해 업무를 소홀히
하게 하는 단점도 있다. 고문관은 신분보장의 단점이 극에 달한 경우
다. 기관장이나 인사부서는 고문관에 대해 뾰족한 수를 찾지 못한다.
이들은 마치 부서에서 문제를 일으키고 남을 괴롭히려고 출근하려는
것처럼 보인다. 상급자는 골치를 썩고 하급자는 고문관의 업무까지
하느라 스트레스를 받는다. 기여하는 바라고는 없다. 그럼에도 퇴출
시키는 건 너무 잔인한 처사라고 여긴다. 온정주의가 개입한다.

많이 듣던 레퍼토리

"부서 회식 중이었는데 전화가 왔습니다. 병석에 누워있는 홀어머
니가 심하게 아프시니 빨리 집으로 오라는 겁니다. 그런데 집이 외져
대리운전도 가지 않습니다. 급한 마음에 어쩔 수 없이 운전을 하게 되
었습니다. 딱 한 잔밖에 마시지 않아서 괜찮을 것이라고 생각했습니
다. 제가 정말 큰 잘못을 저질렀습니다. 깊게 반성합니다. 염치없지만
살날이 얼마 남지 않은 어머님을 생각해서라도 선처해주십시오. 간곡
히 부탁드립니다."

음주운전을 한 공무원이 인사위원회에 출석해 억울함을 호소한다. 징계의 수준을 결정하는 자리다. 흔한 징계 중 하나가 음주운전에 대한 것이다. 그런데 감사부서에 오래 근무한 경험이 있는 직원의 말에 의하면 위와 같은 말은 사실이 아닐 가능성이 높다. 징계 대상자는 달라도 비슷한 스토리가 반복된다는 것이다. 징계 대상자가 그렇게 읍소하는데 인사위원이 "집이 어디냐?", "아버지는 안 계시냐?", "어머니는 어느 정도 아프시냐?"라고 물어보지 않는다. 인간미 없는 매정한 사람으로 비춰질 것을 염려해 꼬치꼬치 따지지 않는다. 가장 효과가 큰 시나리오가 도는 셈이다.

외부 위원은 중앙부처나 지자체에 의해 선임된 인사다. 강경하게 나가기보다는 적당한 선에서 의견을 제시하는 경향이 있다. 또한 인사위원 중에는 국장급 공무원도 있는데 이들은 후배 공무원들을 구명하는데 앞장서곤 한다. 징계를 받게 된 공무원이 이들을 찾아가 부탁을 한다. 위원인 국장은 전에 그 직원과 같은 부서에서 일했거나 학연 또는 지연 등의 관계에 있을 가능성이 크다. 인사위원인 국장들은 부탁을 받지 않은 경우에도 직원들에게 자신의 이미지를 호의적으로 보이고 싶어 한다. 평판의 압력에서 자유롭지 못하다.[80] 물론 어느 국장

---

80) 『우리는 왜 극단에 끌리는가』, pp.40~49.

이 인사위원인지는 비공개다. 하지만 조금 노력하면 어렵지 않게 알 수 있다. 이래저래 온정주의가 끼어들 틈이 많다. 설사 읍소가 통하지 않아도 기회는 더 있다. 징계에 불복한 대상자는 소청위원회나 행정심판, 행정소송을 통해 구제받을 수 있다. 이런 과정에서도 온정주의가 개입할 여지가 없지 않다.

온정주의가 머무를 곳

온정주의가 일을 망치는 경우가 또 있다. 임기직_{계약직} 공무원에 대한 평가가 그렇다. 실적에 대한 객관적 평가로 계약 연장 여부를 결정하고 받을 연봉을 결정한다. 하지만 인간적인 관계 탓에 엄격한 평가가 이뤄지지 않는다. 최소한 중간 이상으로 평가하는 경향이 강하다. 나쁜 실적을 거둔 자는 종적을 감춘다. 임기제 공무원들도 경험을 통해 무난히 처신하면 별 문제가 없다는 것을 체득한다. '덜도 말고 더도 말고 중간만 가자.'라는 유혹에 빠진다. 이들을 평가하는 공무원들도 '굳이 내가 나서서 욕 먹으면서까지 칼을 휘두를 일이 있나?'라는 미온적 태도를 취한다. 임기제 공무원은 실적을 쌓는 것보다는 자신을 평가하는 정규직 공무원과 좋은 관계를 맺는 데 노력을 기울인다. 여기서 좋은 관계란 소극적으로는 그 공무원의 지시에 순응하고, 적극적으로는 비위를 맞추고 비공식적인 부탁도 들어주기를 마다하지 않는 것을 말한다.

온정주의는 업무 밖에 머무를 때에만 선하다. 직원을 하나로 만드는 시멘트이며 차가운 사무실 분위기를 녹여주는 모닥불이다. 그러나 온정주의가 업무 영역에까지 개입하면 사고가 터진다. 냉장고 밖으로 나온 음식이 얼마 못 가듯 업무 영역 밖으로 나온 온정주의는 바로 부패의 냄새를 풍긴다. 신선한 음식은 냉장고 안에 있어야 한다. 온정주의도 업무 밖에서만 머물러야 한다.

6. 몸집 키우기

자기 증식의 비밀

"제국과 국가는 처음에는 좋은 존재였다가 나중에는 나쁜 존재로 변하는 경향이 있다. 정부들은 야심찬 엘리트들을 점점 더 많이 고용하고 이들은 점점 더 많은 규칙을 만들어 부과하며 점점 더 많은 몫을 자기 것으로 차지한다."[81]

공직사회는 늘 자신의 몸집을 늘리지 못해 노심초사한다. 드러내놓고 주장하기보다는 내밀하게 도모한다는 점에서 음모의 분위기마저 풍긴다. 대변혁의 시기나 정권의 교체기에 인력이나 조직의 감축이 벌어지기도 하지만 이것은 예외적인 사례다. 외부의 압력에 의한 결과일 뿐이다. 교체기 당시에는 줄어들었던 인력이 임기 말에는 오히려 전보다 더 늘어난 정부를 흔히 본다. 물론 철학이나 이념에 의거해 집권 초기부터 공무원의 수를 늘리겠다는 정부도 있다.

왜 행정은 늘 확장 지향적인가. 여기에는 행정 외부의 수요는 물론 행정 내부의 수요가 필연적으로 존재하기 때문이다. 행정 외부의 수

---

81) 매트 리들리, 『이성적 낙관주의자』, 김영사, 2010, p. 278.

요는 외부 환경의 변화에 대한 대응적 성격이 강하다. 치명적인 전염병이 창궐한다든가, 대규모 재난이 벌어진다든가 하면 이를 감당하기 위한 행정조직의 신설이 유력한 대책으로 거론된다. 반면 행정 내부의 수요는 자기 증식적 성격을 띤다. 업무의 실질적인 증가와는 관계없이 발생하는 것으로 교묘하고도 끈질기다.

공무원 조직 내에는 수많은 부서가 존재한다. 수많은 부서를 두는 것은 일을 효율적으로 처리하기 위함도 있지만 공무원들에게 '자리'를 보장하는 측면도 있다. 부서의 숫자는 곧 간부의 숫자를 의미한다. 공조직이 늘 인력을 늘리고 조직을 확대하려고 하는 이유 중 하나는 바로 '자리'를 만들어 내부의 승진 욕구를 충족시키기 위한 것이다. 이는 민간 조직에서도 일어나는 일이지만 공직 사회에서 더욱 강하다. 민간 조직과는 달리 공조직은 비용 대비 산출에 둔감하며 그것을 엄밀하게 측정하기도 어렵다. 공무원은 5년 후, 10년 후 상황이 악화될 것이 빤해도 굳이 이를 걱정하지 않는다. 당장의 내 자리가 중요하다. 눈앞의 현금 흐름에만 관심을 두지 자산의 변동에 대해서는 관심을 두지 않는 셈이다. 대국大局 대과大科 주의[82]를 부르짖으면서도 여전히

---

82) 국, 과 같은 부서를 크게 만들면 검토, 보고, 결재 등의 과정을 통합적으로 처리할 수 있고 업무의 효율을 높일 수 있다.

부서를 늘리는 이유다.

　문제는 행정 내부의 수요다. 새로운 일이 생기면 중요성이 덜하거나 업무량이 줄어든 일을 담당하던 인력을 새로운 일 쪽으로 돌리면 된다. 그러면 인력을 늘리지 않고도 새로운 일을 감당할 수 있다. 이게 상식에 가깝다. 그런데 이런 일은 민간 부문에서나 가능하다. 행정 내부에서는 절대 일어나지 않는다. 내가 맡고 있는 일이 덜 중요해졌다거나 업무량이 줄어들었다고 자백하는(?) 공무원은 세상에 어디에도 없다. 기존의 업무만 처리하면 월급을 받고 때가 되면 승진할 수 있는 데다가 공무원이 하는 일을 객관화하기 어려운 탓이다. 설사 부서의 장이 그것을 알아챘다고 해도 인력을 줄이는 데 앞장서지 않는다. 직원들의 반발에 직면하게 될뿐더러 인력을 줄이면 자신에 대한 평가도 낮아질 것을 염려한다.

　새로운 지시나 상황의 변화는 쉽게 인력 증원의 명분이 된다. 기관장은 어느 부서에 속하는지 판단하기 어려운 지시를 폭포처럼 쏟아붓는다. 이를 받아든 기획부서는 자신의 일이 아니라고 서로 떠넘기는 부서들 가운데서 골머리를 썩는다. 반은 우격다짐으로 반은 회유로 가까스로 주관부서를 정한다. 그런데 공짜는 없다. 해당 부서는 인력 증원의 조건으로 이를 수용한다.

외부 환경의 변화는 곧잘 새로운 행정수요로 이어진다. 예를 들어 인공지능이 새로운 산업으로 크게 부각되어 상부로부터 이를 진흥하고 관리할 조직을 만들라는 지시가 떨어졌다고 치자. 관련 부처에 국 단위를 신설한다고 치면 우선 국장 자리가 새로 생긴다. 그 밑에 과장이 서너 자리 생기는 건 물론이다. 또 승진하는 과장의 수만큼 그 밑에 자리가 생긴다. 이런 식으로 조직 내에 승진이 연쇄적으로 이뤄진다. 외부에서 수혈하지 않는 한 기존의 공무원들에게 승진의 기회가 주어진다. 외부에서 민간 전문가를 채용한다 해도 한두 자리이지 전체를 다하는 경우는 없다.

복지 확대나 환경 문제가 불거지면 해당 부서는 당연한 듯 인력 증원을 요청한다. 기존의 인력을 활용할 생각은 아예 없다. 인력관리 부서의 책상에는 여러 부서들로부터 증원을 요청하는 문서들로 넘쳐난다. 공무원 인력은 행정안전부가 운영하는 총액인건비제[83)]에 따라 매년 결정된다. 각 부처나 지자체에 새로 배정되는 인력의 배분을 놓고 행정 내부에서는 치열한 로비전(?)이 벌어진다. 직원들은 인력을 확보해오는 부서장을 능력 있는 간부로 인정한다. 잘하면 하던 일을 덜

---

83) 총액 인건비 내에서 조직, 보수, 예산을 각 기관 특성에 맞게 자율적으로 운영하되 그 결과에 책임지는 제도이다.

수 있고 못해도 일이 느는 것을 막을 수 있다. 부서장은 기관장이나 담당부서에 인력 부족을 하소연하고 증원의 논리를 설파한다. 부서의 몸집이 커지면 그것만으로도 레버리지 효과를 누린다. 부서장은 기관장을 자주 접할 수 있고 부서원은 고생을 많이 한다는 말을 듣는다. 승진 인사에서 이 점을 활용할 수 있다.

언제나 인력을 늘리려고만 한다는 사실에는 한 번 늘린 인력은 결코 줄지 않는다는 철칙이 숨어있다. 커져만 가는 또는 줄어드는 일이 없는 조직이라는 게 존재할 수 있을까. 거대 기업도 방향을 잘못 잡으면 순식간에 무너지는 게 첨단기술 시대의 양상이다. [84] 하지만 행정은 다르다. 대마불사다. 국가가 존재하는 한 행정은 한 번도 존재하지 않은 적이 없다. 국체가 바뀌든 정권이 바뀌든 설사 혁명이 일어나든 그림자처럼 붙어있다. 5천 년 전 인류의 역사에 왕국이 등장한 이후로 변하지 않는 사실이다. 당장 줄 자리가 없으면 공무원을 '인공위성' [85] 으로 만드는 기술을 부린다. 부서는 담당 업무의 필요성이 상실되어도 사라지지 않는 법을 안다. 존재해야 하는 이유를 스스로 만들

---

84) 휴대폰 시장을 예로 들면 한때는 시장의 지배적 지위를 차지하던 노키아, 모토롤라, 블랙베리 등이 한순간에 사라졌다.

85) 공무원이 본부가 아닌 외곽단체나 교육기관 등에서 파견 형식으로 근무하거나 교육받는 것을 말한다.

어낸다. 부서나 조직으로 존재하기 위해서는 그럴듯한 업무가 있어야 한다. 이런 업무는 오로지 조직의 존립에 기여하는 것으로 국민의 안위나 복지와는 아무 관련도 없다.

업무가 줄었다고 고백하는 자는 없다

그런데 일은 새로 생기기만 하는 것은 아니다. 늘어나는 쪽이 있으면 줄어드는 쪽도 있게 마련이다. 하지만 공무원이 자신의 업무가 줄어들었다고 고백하는 일은 없다. 그렇게 한다면 '정신 나간 놈'으로 찍힐 게 뻔하다. 행정조직은 거스르는 자보다 순응하는 자를 선호한다. 공무원은 튀어서 좋을 게 없다고 생각한다. 튄다고 월급이 오르는 것도 아니고 당장 승진이 되는 것도 아니다. 승진은 경력이 쌓여야 할뿐더러 상관으로부터 인사고과를 잘 받아야 가능한데 튀는 건 오히려 마이너스로 작용한다. 월급은 직급과 호봉에 따라 고정되어 있다. 성과상여금도 절대 액수나 등급별 차이가 크지 않기에 동기부여가 되기에는 미흡하다. 등급별로 다르게 지급한 성과급을 다 모아 1/n로 나눠 갖는 사례도 있다.[86]

---

86) 송호근, 『한국의 평등주의, 그 마음의 습관』, 삼성경제연구소, 2006, p.57~58. 한국은 불평등에 대한 '관용의 수준'이 높은 미국과는 달리, 유럽과 유사해서 불평등을 용납하는 관용의 수준이 매우 낮다. 특히 공무원 사회가 그렇다. 같은 시험을 치르고 들어온 공무원들 사이에는 강한 평등주의적 심성이 자리 잡고 있다.

업무가 줄어도 인력은 는다. 보안 경찰관 규모는 2013년 452명에서 2017년 580명으로 3년 반 만에 128명28.3%이나 늘었다. 이에 비해 간첩죄로 검거한 사람은 같은 기간 동안 단 6명뿐이었다. 국가보안법 위반 사범 검거는 2012년 109명에서 2014년 66명, 2017년 45명으로 매년 줄어드는 추세에 있다.[87]

　행정에서 인력 증원은 생존의 전략이 아닌 확장의 전략일 뿐이다. 공무원의 증가는 치유하기 어려운 구조적인 문제를 야기한다. 인건비는 경직성 경비로서 이것의 증가는 재정의 탄력적 운영을 어렵게 한다. 또한 괜찮은 일자리가 부족한 상황에서 공무원 증원은 많은 구직자들을 '공시족'으로 만든다. 창업을 시도하거나 기업에 가려는 사람이 줄어든다. 그리고 지원과 함께 규제도 늘어난다. 민간부문의 위축을 가져오기 쉽다. 이처럼 사회 전체적으로 자원과 인력의 비효율적인 배분을 가져온다.

　"기근, 부족 전쟁, 외세 침략 등 세계 최악의 파탄국가 소말리아에서 휴대폰 사용자 수의 증가는 몇 안 되는 성공사례 중 하나다. 소말리아의 극단적인 자유방임적 환경 덕분에 아프리카에서 전화 요금과

---

87) 한겨레신문, "사건 줄었는데 인력권한 늘어…… 경찰 '보안 공룡'되나", 2018.6.5.

인터넷 요금이 가장 저렴하다."[88]

소말리아의 휴대폰 사례는 역설적이다. 정치권이나 공무원의 생각과는 반대로 정부의 존재보다는 부재가 더 나을 수 있다. 정부의 부재는 조세 부담이나 규제의 부재를 의미한다. 소말리아 사례는 세금이나 사업 면허에 대한 대가를 요구하고 규제비용을 요구하는 정부가 없다보니 통신사는 낮은 요금을 유지할 수 있게 되고 이는 휴대폰 가입자의 증가로 이어진 것이다.

공무원의 증가는 경직성 경비의 증가[89]와 더불어 규제의 증가를 초래할 우려가 높다. 현대경제연구원에 따르면 국가공무원 1천 명당 등록규제 건수는 2009년 21.2건에서 2013년 24.8건으로 늘었다. 지방은 국가공무원의 5~6배에 달할 만큼 심각하다. 지방자치단체 공무원 1천 명당 2008년 112.5건이던 규제가 2012년에는 167.7건으로 증가했

---

88) 에릭 슈미트 · 제러드 코언, 『새로운 디지털 시대』, 알키, 2013, pp.372~374.
89) 중앙일보, 납세자연맹 "공무원 1명 뽑으면 28년간 30억 지출", 2017.7.20. 한국납세자연맹은 공무원 1인당 연간 유지비용은 1억 799만 원으로 평균 근속연수(28년)를 감안하면 공무원 1명 신규 채용에 총 30억 2천4백만 원이 든다고 주장한다. 반면 국회예산처는 공무원 1명 신규로 30년 근속 기준 총 17억 3천만 원이 든다고 추산한다. 한국납세자연맹은 예산처의 추산치는 복지포인트와 연금 적자보전분 등이 빠져 있어 과소계상되었다고 본다.

다. [90] 정부의 간섭이 늘게 되는 것이다. 존 스튜어트 밀은 세 가지 이유로 정부 간섭을 반대한다. 첫째, 정부가 직접 하기보다 개인에게 맡길 때 그 일을 더 잘할 수 있다. 둘째, 당사자가 하면 공무원보다 능력이 모자라더라도 역량 강화를 도모할 수 있다. 셋째, 이미 비대해진 정부를 더 이상 강화시켜서는 안 되기 때문이다. [91]

이집트, 미노아, 바빌로니아, 중국 상나라의 독재사회는 통제는 엄격하고 관료주의는 과도하여 개인의 권리가 미약했다는 공통점이 있다. 당연히 혁신은 드물었다. 파라오들이 성취한 혁신의 리스트는 영국 철도청이나 미국 우정성의 그것만큼 얇았다. [92] 공무원 사회가 비대해질수록 민간의 활력은 억제될 수밖에 없다. 민간의 활력을 먹고 사는 혁신은 인류 문명의 가장 큰 동인이다. 혁신의 주체는 어디까지나 민간이다.

일반 행정 분야의 공무원 증가는 물론이거니와 복지와 소방 분야에서의 공무원의 증가조차도 얻는 것에 비해 잃는 게 많다. 정치권에

---

90) 현대경제연구원, 『규제 증가의 특징과 시사점』, 2014.3.19.
91) 존 스튜어트 밀, 『자유론』, 책세상, 2015, pp.201~204.
92) 『이성적 낙관주의자』, pp.254~255.

서 흔히 외치는 사각지대를 없애겠다는 주장은 허울 좋은 구호로 그칠 가능성이 높다. 경제, 산업, 사회문화 등 끊임없이 변하는 사회 환경 탓에 사각지대 또한 끊임없이 새롭게 발생한다. 기존의 사각지대를 메우면 생각지도 못한 또 다른 사각지대가 생기는 식이다. 아무리 공무원 수를 늘려도 모든 사각지대를 다 메울 수 없다. 적정한 수준을 찾는 게 현명하다. 드러난 사각지대를 방치해서도 안 되겠지만 그것을 없애겠다고 지속적으로 공무원 수를 늘리는 대책은 더 위험하다.

영국의 식민지가 급격히 줄어든 1935년에서 1954년 사이에 영국 식민국의 공무원 수는 5배가 늘었다.[93] 파킨슨이 지적했듯 업무는 그것을 완수하는 데 쓸 수 있는 시간만큼 늘어진다. 그래서 겉으로 보면 업무가 줄어도 놀고 있는 공무원은 없는 것처럼 보인다. 업무가 감소하면 일의 처리 속도를 늘어지게 해서 시간을 맞추지만 업무가 증가하면 감당하기 어렵다며 곧바로 증원을 요구한다. 이처럼 공무원은 업무의 감소와 업무의 증가에 있어서 비대칭적인 태도를 보인다. 공무원 수의 증가는 상관에게는 권력의 강화를, 직원에게는 자리의 증가를 의미한다. 공무원은 국민을 위해서도 일하지만 서로를 위해서도 일한다. 놀라운 자기 증식의 비밀이 숨어 있다.

---

93) 『이타적 유전자』 p.45.

복지안동과 남행열차

복지안동은 땅에 배를 착 붙이고 엎드린 채 눈알만 굴려가며 세상이 어떻게 돌아가는지 살핀다는 말이다. 공무원을 비난하는 대표적인 말로 공무원하면 가장 먼저 떠오르는 이미지 중의 하나다. 복지부동보다 더 기회주의적인 의미가 담겨 있다.

공무원들은 직장에 어떤 공학이 존재한다고 믿는다. 공직도 기본적으로 하나의 직장인 데다 정치나 사회로부터 끊임없이 영향을 주고받기 때문이다. 정치인은 흔히 '정치공학을 버리고 오로지 국민의 뜻만 바라보고 가겠다.'라고 한다. 공학의 본래 의미는 '삶 속에서 문제를 발견하고 이를 해결하기 위한 기술적 대책을 제시하는 학문'이다. 정치공학은 어떤 상황을 본인에게 이익이 되도록, 구체적으로는 득표에 보탬이 되도록, 기술적으로 조작하려는 태도다. 이를 위해 권력의 직접적 행사, 경쟁상대 우회 공격, 변수의 조작, 통계학적 분석이나 언론 공표 등을 이용한다. 국민이 아닌 자신을 중심에 두는 이기적 접근이다. 사실 정치인이 이런 말을 심심치 않게 하는 것은 그만큼 정치공학이 흔하다는 증거다.

직장에는 나의 좌표가 있다. 나의 순위와 평판, 나의 승진 가능선, 나의 상관과 부하, 행정 내부의 지원그룹_{동문, 동향 등}, 행정 외부의 우호적 그룹정치인, 언론인, 시민단체 등, 나의 경쟁상대, 나의 비판적 동료나 그룹 등이 존재한다. 내가 어떤 시기에 어떤 식으로 누구에게 지원을 요청해야 하는지 상대로부터의 비판을 봉쇄해야 하는가를 따져본다. 나의 지원군이라 믿는 학연이나 지연 등에 줄을 대거나, 나의 경쟁상대가 문제가 있는 것처럼 몰아가거나, 정치인이나 언론인에게 줄을 댈 인사권자에게 영향력을 미치도록 도모한다. 공무원들은 이런 믿음에 학연과 지연을 집중적으로 관리한다. 동료로부터 좋은 평판을 유지하고자 한다. 외부의 정치인이나 언론인, 시민단체로부터 우호적 지지를 얻는 데 골몰한다. 그러한 치밀한 계산 없이는 경쟁상대에게 밀리기 쉽다. 경쟁상대도 공학적 접근에 익숙하기 때문이다.

그런 측면을 무시하고 열심히 일만 하면 인사권자가 알아줄 것이라고 믿는다면 순진하다. 융통성이 부족한 사람으로 취급받기 쉽다. 오히려 상관이나 기관장의 마음을 읽을 줄 알아야 한다. 그래야 일을 잘한다는 평가를 받는다. 기관장이 좌고우면하면 똑 부러진 대안을, 확신에 차 있으면 혹시 있을 줄 모르는 문제점을 제시한다. 그런데 이런 판단도 기관장의 리더십 스타일에 따라 달라진다. 기관장이 권위주의적 스타일이면 그냥 비위를 맞추는 데 초점을 두는 게 낫다. 민주주의적 스타일이면 균형 잡힌 의견을 내는 게 좋다. 승진이 빠른 사람들은 대개 눈치를 잘 보고 상관의 비위를 잘 맞춘다. 때로는 약삭빠른 이들로 여겨진다.

한때 '남행열차'라는 말이 유행한 적이 있다. '남은 기간 행동 조심하고 열심히 준비해 차기 정권에서 발탁되자' 정도의 말이다. 정권 말기라 승진이나 영전은 어려우니 다음 정부에서 승부를 걸자는 것이다. 긍정적으로 보면 희망을 거는 미래지향적 표현이지만 소극적으로 해석하면 복지안동의 뜻이 숨어있는 것도 사실이다. 사실 정권 말기라고 해서 특별히 행동에 조심할 일은 없다. 임기가 얼마 남지 않은 정부를 위해 열심히 해봤자 보상받기 힘드니 차라리 힘을 아꼈다가 다음 정부에서 일을 도모해보자는 속뜻이 강하다. 마라톤 풀코스 러너로서 일종의 페이스 조절이다.

이처럼 공무원은 기술적 전략을 구사한다. 물론 직장인이라면 그럴 수 있다. 고용된 자가 자신보다 고용한 자를 우선시하는 것은 생각하기 힘들다. 그런 경우는 의리를 바탕을 한 비공식적 조직에서나 가능한 얘기다. 과도한 도덕적 해이는 조직을 망가뜨린다. 민간 조직은 그걸로 끝이다. 그런데 공직사회는 망하지 않는다. 공무원 개개인은 퇴출당할 수 있지만 조직 자체가 사라지는 일은 없다. 거기에 자신의 이익을 극대화하는 기술적 전략까지 능하면 가공할 존재가 될 것이다. 망하지 않기 때문에 피해가 국민으로 간다.

복지안동 (그림 2)

복지안동은 이왕 자주 회자되는 말이니 뜻을 바꿔보면 어떨까. '복
伏'을 '복覆'으로 바꾸고 '지地'를 '지知'로 바꾸면 복지안동覆知眼動이 된다.
기존의 앎을 뒤집어 생각하고 눈을 열심히 움직여 세상 돌아가는 것
에 관심을 갖는다는 뜻이 된다. 기회주의적 의미는 사라진다. 기존의
것에 안주하지 않고 변화를 위해 노력한다는 의미로 거듭난다.

공무원은 기본적으로 수동적이다. 자극이 없으면 움직이지 않는다.
기관장이나 상관은 안타깝다. 알아서 해주면 좋은데 꼭 지시를 해야
움직인다. 지시는 점점 늘고 공무원의 수동성은 점차 굳어진다. 그렇
다고 지시가 항상 옳은 것도 아니다. 위에서 떨어지는 지시나 공무원

의 입장을 감안하지 않는 지시의 생명력은 의외로 약하다. 지시 일변도로는 큰 변화를 가져오기 어렵다. 그렇고 그런 정도의 개선이나 변화가 가능할 뿐이다. 바람직한 것은 내부로부터의 자발적 변화다. 그래야 변화가 오래 가고 무리가 없다. 그런데 관료제가 자발성을 간직할 수 있을까.

감사 때문에!

– "검토 좀 해봤나?"

시장이 보고가 늦어지자 국장과 과장을 불렀다. '호텔, 컨벤션 유치를 통한 일자리 창출 및 산업고도화'는 시장의 주요 공약사항 중 하나였다.

– "네. 사례도 찾아보고 전문가 의견도 들어봤습니다. 우선 도시기본계획을 바꿔야 하고, 주민 의견도 들어야 하고, 위원회 심의를 받아야 합니다. 그리고 의회와 협의도 필요합니다. 그러자면 용역을 해야 하는데 시간이 많이 걸릴 것 같습니다. 그리고……"

과장이 말을 길게 늘어놓자 시장은 과장의 말을 끊고 단도직입적으로 물었다.

– "그래서 된다는 건가, 안 된다는 건가?"

— "그게 좀……."

과장이 조심스러운 표정을 지으며 말을 잇지 못했다.

— "왜 무슨 문제라도 있는 건가?"

— "그게 아니고 감사 때문에……."

— "감사? 무슨 감사?"

시장은 무슨 뚱딴지 같은 소리를 하냐는 표정을 지으며 목소리를 높였다.

— "나중에 감사를 받게 되면 문제가 생길 수도 있어서. 실제로 그런 사례가 많습니다."

— "호텔을 짓자는 게 위법한 건가? 알잖나. 우리 시에 변변한 호텔 하나 없는 거. 괜찮은 호텔 하나 지어서 관광객 끌어들이고 컨벤션 시설도 같이 유치해 일자리 만들고 부가가치 높이자는 건데. 이제 제조업만 갖고는 안 되는 거 잘 알지 않나. 여기에 무슨 문제가 있냐 말이야."

시장은 목소리를 낮추며 설득조로 말했다.

— "네. 위법한 건 없습니다. 다만 그렇게 하려면 토지 용도를 바꿔야 하는데 현재 그 토지가 녹지로 되어있어서 도시계획을 변경하고 관련 위원회 심의를 받아야 합니다."

‒ "그건 국장이 위원들에게 잘 설명하면 되지 않나?"

‒ "네. 그렇긴 합니다. 그런데 담당자가 어렵다고……."

‒ "담당자가? 그럼 담당자가 못 하겠다면 시장이 얘기해도 안 되는 건가?"

‒ "그런 말씀은 아닙니다."

‒ "과장, 국장은 왜 있는 건가?"

시장은 버럭 소리를 질렀다.

‒ "알겠습니다. 제가 다시 검토해서 바로 보고 드리겠습니다."

국장이 분위기가 험악해지자 재빨리 수습을 했다.

도시계획상 용도지역 변경은 행정에 있어서 가장 핫한 업무다. 아무리 사업의 취지가 좋아도 녹지를 주거용지나 상업용지로 바꾸는 일은 쉽게 결정하기 어렵다. 추후에 예외 없이 감사를 받는다고 봐야 한다. 어느 구역의 토지를 녹지로 정한 것은 도시 전체의 계획상 필요성이 인정되기 때문이다. 따라서 그 부분만 떼어서 변경을 검토하는 것은 담당자로서는 너무 조심스럽고 부담이 되는 일이다. 한편 기관장 입장에서는 용도지역 변경 없이 과감한 사업을 추진하기 어렵다. 주민들에게 희망을 주고 일자리를 만드는 데 필요하다면 기존 도시 계획의 틀도 바꿔야 한다고 생각한다. 그런데 용도지역 변경은 해당 토지의 급격한 가격상승을 발생시킬 수 있어 오해를 사기 쉽다.

행정에는 수많은 규정과 관행이 존재한다. 너무 많아 담당자가 아니면 일일이 알기 힘들 정도다. 사실 담당자조차 모르는 경우도 있다. 공무원들은 이러한 규정을 바탕으로 업무를 처리한다. 규정이 있는 줄 모르고 빠뜨리는 경우는 있어도 존재하는데도 넘겨버리는 경우는 없다. 민원인 입장에서 보면 복잡하고 답답하기 짝이 없다. 끝나지 않는 장애물 경기 같다. 언제 끝날지 모르는 장애물을 넘어야 한다. 시간은 곧 비용이다. 시설이나 주택 건설 같은 대형 사업의 경우 하루 사이에 몇 억원이 왔다 갔다 한다.

반면 공무원은 무슨 일을 하던 감사監査를 걱정한다. 아주 오래된 습관이다. 여기에는 두 가지 측면이 있다. 민원인의 이기적이거나 무리한 요구를 막을 수 있다. 반면 변화를 가져올 수 있는 새롭거나 낯선 인풋input을 막는다. 하루라도 빨리 처리되기를 바라는 민원인과는 달리 공무원은 가급적 꼼꼼히 따진다. 규정에 어긋나게 처리했다간 나중에 징계를 받을 수 있기 때문이다. 새로운 일이나 애매한 일일 경우 더욱 그렇다. 전례가 있으면 그에 따라 속도감 있게 추진할 수 있지만 그렇지 않으면 신중한 태도를 취한다. 이처럼 둘 사이에는 어쩔 수 없는 입장의 차이가 존재한다. 공무원은 딜레마에 빠지곤 한다. 민원인의 요구나 선출직 정치인의 지시를 무시할 수도 없지만 규정을 건너뛸 수도 없기 때문이다. 실제로 무리하게 일을 처리하다가 감사에 걸려 징계를 받는 경우가 적지 않다. 심지어는 자살로 이어지는 사례도 있다. 이런 점을 감안해 최근 들어 감사를 사후 적발 위주에서 사전 컨설팅 위주로 전환하고 있다. 그렇다고 오래된 습관이 해소될 것 같지는 않다.

선출직 기관장이 "내가 책임지겠으니 일단 추진하고 보라!"고 한다. 그러나 공무원은 이 말을 전적으로 믿지는 않는다. 선출직은 정치적 책임을 질 뿐이지만 최종적이고 실제적인 책임은 공무원이 진다. 선출직은 임기가 끝나 떠나면 그만이지만 공무원은 끝까지 남아 감사를 받는다. 공무원은 나중에 문제가 되면 빠져나갈 구멍이라도 만들어놓으려 한다. 어쨌든 공무원은 기관장의 지시를 이행하려고 한다. 하지만 기관장은 성과에 목마르다. 일의 추진이 미흡하다는 판단이 들면 담당자를 전격적으로 교체하기도 한다. 충격요법인 셈이다. 공무원 사이에 긴장감이 돈다. 그런데 새로 일을 맡은 공무원이라고 징계를 걱정하지 않는 것은 아니다. 이에 기관장은 징계를 감수하고 일을 추진한 담당자에게 발탁 승진이나 영전이라는 당근을 내놓는다.

새로 취임한 기관장은 핵심 공약에 강력한 드라이브를 건다. 이를 담당할 조직을 신설하거나 확충시킨다. 공무원들 중 일 좀 한다는 사람을 고른다. 담당부서는 다른 부서에 앞서 권한과 예산의 강력한 뒷받침을 받는다. 사업 초기에 홍보비가 집중적으로 투입된다. 사업이 진행되면서 성과가 좋다는 보도가 잇따르고 담당자도 승진 등 혜택을 받는다. 그러나 해당 기관장의 임기가 줄어들수록 사업은 왠지 전 같지 않다. 비판적 기사가 등장하기 시작한다. 정치권력과 언론의 밀월이 끝나가는 것이다. 그러다가 다른 기관장이 새로 취임하면 그 사업은 하루아침에 문제투성이의 사업이 된다. 아니나 다를까 감사가 시작된다. 일을 서둘러 추진하는 과정에서 규정을 무시하거나 잘못 해석한 업무 처리가 드러난다. 해당 공무원들이 무더기로 징계를 받는다. 이를 지켜보는 대다수 공무원들은 새로운 일에 대해 심리적 거부감이 생긴다. 일을 맡아 승진을 빨리 한 공무원을 부러워하다가도 '그것 봐라!'하며 혀를 찬다. 마치 인류 마음속에 이방인에 대한 혐오증이 내재되어 있는 것처럼 공무원의 마음속에도 새로운 일에 대한 거부감이 깊게 뿌리를 내린다.

이처럼 공무원의 감사를 의식한 업무 태도는 뿌리가 깊다. 수백만 년 동안 수렵과 채취 생활을 한 현생 인류가 '앞만 보고 질주하는 남자', '주변 상황에 예민한 여자'라는 스테레오 타입에서 벗어나지 못하듯 말이다. 기관장이 이를 넘어서기 위해서는 강력한 보상책이 필요하다. 하지만 인센티브를 받는 사람이 소수여서 전체에 미치는 영향은 기대보다 크지 않다. 효과도 그때뿐 공무원은 형상기억합금으로 만들어진 터미네이터처럼 원래대로 돌아간다.

해결 방안으로 감사원의 정책감사를 폐지해야 한다는 주장이 있다. 이런 주장을 하는 사람들은 정책감사를 공무원의 진취적 행정을 막는 복지부동의 주요 원인으로 본다. 정책에 대한 책임은 각 기관장이 지도록 하고, 감사원의 감사는 회계·비리감사에 국한해야 한다는 것이다.[94] 그러나 정책감사를 폐지하는 것만으로 공무원이 적극적으로 나설 것 같지는 않다. 인센티브나 패널티 없이도 스스로 움직이게 만드는 충분조건이 충족되어야 비로소 효과를 볼 수 있다. 주어진 일만 계속 해도 월급은 꾸준히 나오고 승진 순위는 올라가기 때문이다.

---

94) 중앙일보(류영재), "공직사회 혁신 없이는 혁신경제도 없다", 2018.1.18.

■ 공직사회의 비대칭

비대칭은 공직사회의 특징 중 하나다.

조직 늘리기는 있어도 줄이기는 없다.

업무 떠넘기기는 있어도 떠맡기는 없다.

하향식 의사결정은 있어도 상향식은 드물다.

문서는 넘치는데 확신은 부족하다.

회의는 많은데 토론은 부족하다.

부서는 많아도 협업은 없다.

'검토'는 많아도 고민은 적다.

'열심히'는 많은데 열정은 적다.

초과근무는 많아도 초과달성은 적다.

결재는 많아도 결단은 드물다.

'네'는 있어도 '안 됩니다'는 드물다.

상관 의전은 있어도 부하 배려는 드물다.

오래된 것들은 많은데 새로운 것은 적다.

익숙한 것은 많아도 낯선 것은 적다.

시작은 거대해도 끝은 미미하다.

복지伏地안동은 있어도 복지覆知안동은 없다.

중립은 보여도 영혼은 찾기 힘들다.

무엇보다 양복은 많아도 청바지는 없다.

7. 점진주의, 공무원의 절대 신앙

점진주의의 함정

티베리우스 황제는 깨지지 않는 유리를 발명한 사내를 죽였다. 새 것을 혼란으로 인식한 것이다. 로마의 몰락은 이렇게 시작되었다. [95]

로마는 비교적 포용적이던 공화정에서 권력이 황제와 막료의 손에 집중되면서 몰락의 길을 걷게 되었다. 비교적 높은 농업생산성, 속주의 막대한 공물과 장거리 무역에 의존했을 뿐 기술적 혁신이나 창조적 파괴가 이뤄지지 않았다. 사유재산권이 불안정해지고 소작농은 노력해봤자 주인 배만 불리게 되어 혁신을 꾀할 동기가 없었다.

역설이게도 '혁신'이라는 말을 가장 많이 쓰는 곳이 공무원 사회다. 그러나 혁신과 가장 거리가 먼 조직이 또한 공무원 조직이다. 몸집은 큰데 지켜야 할 규정, 절차와 관행이 많다. 무엇보다 주체성이 부족해 혁신의 동기를 만들어내지 못한다. 그렇다고 그 자리에 머물러 있는 것은 아니다. 조금씩 나아지려 시도한다. 이른바 점진주의적 접근이

---

95) 대런 애쓰모글루, 제임스 A. 로빈슨, 『왜 국가는 실패하는가』, 시공사, 2012, pp.246~252.

다. 지난해 노후 상수도 교체율이 75%였는데 올해는 80%까지 올리겠다, 청렴도 평가에서 7위에서 5위로 올라서겠다, 고용률을 62%에서 65%로 올릴 계획이다, 조건부 생활 수급자의 자활 성공률을 31%에서 33%로 개선하겠다는 등이 그 수많은 예들 중 일부다.

목표 설정의 일반적인 방식이다. 새해가 시작되면 전년도나 지난번의 실적을 감안해 달성 가능한 정도의 목표를 새로 정한다. 제3자가 볼 때 너무 낮게 정하지는 않지만 그렇다고 공격적으로 설정하지도 않는다. 목표가 너무 낮으면 땅 짚고 헤엄치기라는 지적을 받을 수 있고 너무 높으면 달성하기가 어렵기 때문이다. 달성이 쉬운 목표도 과감하게 설정하기를 꺼려한다. 그 다음해까지 감안해 목표 설정을 여유 있게 운용하고자 한다. 알게 모르게 장수의 비결을 터득한다. 승진을 목전에 둔 공무원이 목표 설정을 과감하게 정하는 수도 있다. 하지만 공무원이 정한 목표의 달성률이 대체로 높아서 차별화되기 어렵다.

그런데 점진주의에는 함정이 있다. 노후 상수도를 새것으로 교체하는 사업은 예산만 있으면 얼마든지 실현 가능하다. 그런데 예산 편성은 예산부서의 권한이다. 사업부서에서 아무리 강하게 추진해도 한계가 있으며 더군다나 의회에서 예산 심의를 받아야 한다. 편성액만큼 확보된다는 보장이 없다. 고용률 또한 마찬가지다. 국내 경제는 물론 세계 경제나 정치적 영향의 틀 속에서 움직이기 때문에 독립적으로 운용될 수 없다. 목표를 세워도 달성하기 어렵다. 달성한다고 해도 내부 노력 덕분인지 외부의 영향 때문인지 분간하기 어렵다. 노후 상수도 교체율이나 고용률의 경우 목표를 달성하면 내부 노력 덕분이다. 그러나 달성하지 못하면 외부 여건의 악화 탓이다. 청렴도 평가도 변수가 많아 어느 정도의 합리화는 가능하다. 목표를 달성했다고 반드시 조직이 그만큼 더 청렴해졌다고 할 수 없다. 실질적인 변화 없이도 평가 자료를 잘 만들어 내거나 기획을 잘하면 순위가 올라갈 수 있다. 순위가 떨어지면 갑자기 뇌물수수 사건이 터졌다든가 등의 이유를 댈 수 있다. 자활사업은 성과만 보면 폐지를 검토해야 하나 그 취지를 살려 끈기 있게 추진한다는 '착한 후원자'를 자처한다. 언뜻 합리적으로 보이는 목표 설정이 알고 보면 상당한 정도 합리화가 가능하다.

공무원 사회에 점진주의만큼 끈질긴 믿음도 드물다. 전년도보다, 지난번보다 조금 낫게 하면 된다는 생각이 팽배하다. 이를 현상유지보다 한 단계 더 발전한 방식으로 인식한다. GDP가 조금씩 올라가듯 행정도 그렇게 좀 더 나아지는 방향으로 가면 된다고 믿는다. 수많은 규정과 절차 그리고 관행으로 이뤄진 행정이 큰 변화를 추구하는 일은 가능하지도 않으며 바람직하지도 않다고 본다. 급격한 변화는 국민들에게 편의 대신 혼란만 줄 것이라고 우려한다. 이는 전형적인 위험 또는 손실 회피의 전략이다. 과감한 변화를 시도하는 데 있어서 발생할지도 모르는 위험을 최대한 기피하고자 한다. 관료조직은 목표달성 조직이기보다는 위험회피 조직이다.

손실회피는 기준 상황을 선호한다. 일례로 실업 근로자가 새 일자리를 얻기 위해 수용 가능한 최소 임금은 기존 임금의 90%에 이른다. 하지만 1년이 지나면 10퍼센트 미만으로 대폭 감소한다. 그리고 큰 변화보다는 작은 변화를 선호하는 경향이 강하다. [96] 여기에서 기준 상황이란 대개 기존의 입장이나 처지를 의미한다. 어떤 상황에 오래 처하면 거기에 익숙해져 변화를 꺼리게 된다는 것이다.

점진주의조차 일관성을 갖지 못한다. 그럴듯하게 설정된 목표도 얼마 안 가 중단되거나 변경되기 일쑤다. 목표는 길어야 4년 또는 5년 정도이다. 새 정권이 이전 정권의 목표를 계승하는 경우는 매우 드물다. 담당자는 길어야 1년 내지 2년마다 바뀐다. 설사 설정된 목표가 바뀌지 않아도 우선순위가 달라질 가능성은 크다. 목표에 영향을 주는 요인은 얼마든지 있다. 보다 중요한 이슈의 등장, 대중적 관심의

96) 대니얼 카너먼, 『생각에 관한 생각』, 김영사, 2012, pp 370~371.

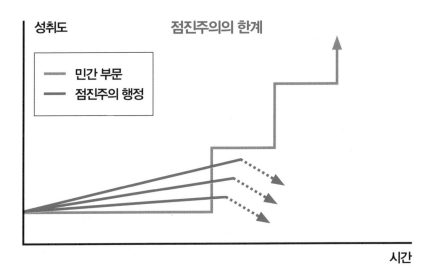

성취도

점진주의의 한계

민간 부문
점진주의 행정

시간

점진주의의 성과 곡선 (표 2)

부족, 재정의 악화, 권력지형의 변화 등과 같은 외부 요인과 기관장이나 담당자의 교체, 조직의 개편, 우선순위의 변경 같은 내부 요인 등이 그것이다.

(표 2)처럼 민간 부문은 잇단 혁신으로 계단식 상승을 거듭한다. 정체기에 처해도 또 다른 혁신을 통해 이를 극복한다. 반면 점진주의 방식을 취하는 행정은 완만한 우상향의 궤적을 그린다. 그마저도 일관성 부족으로 지속적인 성과를 내지 못한다.

목표를 어떤 기준으로 정하느냐에 따라 달성율이 달라진다. 외자유치 실적을 투자의향서 금액을 기준으로 할 것인지 실제 투자액을 기준으로 할 것인지에 따라 결과가 사뭇 다르다. 투자의향서 실적은 금액도 크고 집계도 용이하다. 반면 실제 투자액은 투자의향서 실적보다 크게 줄어들기 마련이며 시간이 어느 정도 지나서야 확인할 수 있다. 실 투자액을 기준으로 하는 게 타당한데도 투자의향서 금액을 기준으로 언론에 발표하는 것은 이런 이유 때문이다. 일자리 창출 실적을 실업률로 할 것인지, 고용률로 할 것인지, 아니면 전국에서 차지하는 비중으로 할 것인지, 증가된 일자리만 기준으로 할 것인지에 따라 아주 다른 결과가 나올 수 있다. 실업률은 올라가도 고용률이 상승하는 경우도 있고 거꾸로 고용률이 내려가도 실업률이 떨어지는 경우도 있다. 실업율은 구직의사가 있는 사람만을 대상으로 집계하기 때문이다. 담당자의 입장에서는 전년도보다 나아진 결과를 원하기에 그때그때 활용하는 기준이나 지표가 달라지기도 한다. 이에 대해 실적을 끼워 맞췄다는 비판이 일더라도 이를 바꾸지 않는다. 실적이 종전보다 나빠졌다고 하면 책임 문제에 직면할뿐더러 책임을 면하더라도 영전이나 승진에 매우 불리한 입장에 처하기 때문이다. 어쨌든 중요한 건 조금이라도 나아진 수치를 하나라도 확보하는 일이다.

점진주의가 비밀을 없앤다

이와 같은 과정을 통해 점진주의는 주류의 자리를 꿰찬다. 점진주의가 지배적인 이데올로기 또는 슈퍼밈super-meme [97]으로 등극하는 상황에서 새로운 것, 낯선 것, 혁신적인 것, 파괴적인 것이 조직 내에서 싹틀 여지는 적다. 조직 전체가 어떻게 근본적인 변화를 꾀할지에 대한 큰 고민보다는 목표를 어느 수준으로 올려 잡아야 적정한지에 대한 작은 고민에 골몰한다. 어쩌다가 승진이 임박해 뭔가 큰 실적이 필요하거나 야망이 남다르게 큰 공무원이 돌출적으로 등장한다. 이런 공무원은 드물 뿐더러 촘촘한 직급 체계 안에 존재할 수밖에 없어서 눈에 보이지 않는 견제를 받는다. 큰 걸 들고 나오는 공무원이 성과를 내도 그때뿐이어서 그가 떠나면 흔적마저 사라진다. 거대한 새로운 영역은 다시 수면 아래로 가라앉는다.

새로운 영역 또는 숨겨진 비밀에 관한 믿음은 없어지기 쉽다. 몇 가지 이유가 있다. 물리적으로 개척할 곳이 없어지고 있다는 사실과 더불어 점진주의, 위험 회피, 무사 안일주의, 평평화flatness [98] 등이다. 사

---

97) 슈퍼밈은 사회 전반에 확고하게 뿌리를 내려 다른 모든 믿음과 행동에 영향을 미치거나 억압을 가하는 모든 종류의 믿음, 생각, 행동, 관습이다.

98) 피터 틸, 『제로투원(ZERO TO ONE)』, 한국경제신문, 2017, p.20. 평평화는 전 세계를 동질적이고 경쟁이 치열한 하나의 시장으로 본다. 토머스 프리드먼이 『코드 그린-뜨겁고

회 엘리트는 물론 제도권 내의 거대 조직들은 이미 이뤄진 것들을 바탕으로 편안하게 지대나 받고 있으면 되기 때문에 숨겨진 비밀을 찾아 헤매지 않는다. 변비에 걸린 것처럼 제 기능을 못하고 있는 조직에서는 실제로 일을 하기보다는 일이 진척되고 있다는 신호만 내보낸다. 그 편이 승진에는 오히려 더 유리하다. [99]

점진주의야말로 새롭거나 숨겨져 있는 영역을 포기하고 일은 계획대로 잘 진척되고 있다는 제스처가 아닐까. 점진주의는 사회의 점진적 발전을 이루고 국민 편익을 꾸준히 높이는 선의의 이념이 아니다. 오히려 행정을 합리화하고 정치를 포장하는 함정의 이념일 가능성이 높다. 또한 새롭거나 혁신적인 아이디어의 싹을 자르고 진지한 반성을 무력화시키는 훼방꾼이다. 피터 틸은 관료제적 계급 조직은 행동이 굼뜰 수밖에 없다고 주장한다. 사명감으로 똘똘 뭉친 소규모 집단들이야말로 새로운 변화를 일으킬 수 있는 주체라고 말한다.

평평하고 붐비는 세계』에서 제시한 개념이기도 하다.
99) 『제로투원(ZERO TO ONE)』, pp.130~131.

Ⅲ

행정 외부 :
넘어야 할 봉우리

1. 사회 변동은 독인가 약인가

'더 빨리니즘'

"자, 여기선, 네가 보듯이, 있는 힘껏 달려야 가까스로 같은 장소에 머무를 수 있어! 만약 네가 다른 곳에 도달하려면, 이것보다 적어도 두 배는 빨리 달려야 해!"[100]

붉은 여왕이 앨리스에게 한 말처럼, 한국사회는 1960년대 이후 지금까지 미친 듯이 달려왔다. 그래서 기적을 이뤘지만 달리기를 멈추지 않고 있다. 더 빨리 달리지 않으면 살아남지 못한다는 강박관념이 사람들을 짓누른다. 모두가 달리기에 그냥 달리는 정도로는 같은 자리에서 맴돌 뿐이며 있는 힘껏 달려야 그나마 그 자리를 벗어날 수 있다. 속도를 내는 데에 주변 사람은 장애물에 불과하다.

안타깝게도 한국사회에 대한 진단은 하나같이 부정적이다. 학벌사회김상봉, 독선사회강준만, 단속사회엄기호, 허기사회주창윤, 분노사회정지우, 모멸감김찬호, 잉여사회최태섭, 아파트공화국발레리 줄레조, 아파트 한국사회박인석, 트라우마 사회김태형, 한국인은 미쳤다에리크 쉬르데주 등이 그

---

100) 루이스 캐럴, 『거울 나라의 앨리스』, 부북스, 2010, p.46.

렇다. 비관주의는 늘 흥행에 성공하는 탓일까.[101] 아니면 아무리 따져 봐도 문제투성이란 말인가. 소득 수준이 크게 올랐는데도 한국 사람은 행복하지 못한다. 오히려 갈수록 심해지는 경쟁 탓에 '탈락에 대한 공포'[102]에 시달린다. 남들 자식은 명문대도 잘 들어가는데 내 자식은 그렇지 못해서, 강남에 있는 아파트 값은 계속 오르는데 내 아파트의 값은 오르지 않아서 고통을 받는다. 가만히 있어도 손해를 보고 열심히 살아도 제자리를 맴도는 현실 앞에서 분노를 느낀다. 격심한 결핍감과 박탈감에 빠져 끊임없이 이를 해소하기 위한 사회적 제물을 찾는다. 고대사회의 흔적인 '희생제의'가 한국에서는 현재진행형이다.[103] 우리의 분노는 타인과의 관계를 중시하는 문화 탓으로 제도의 개선보다는 '나쁜 놈' 때려잡기에 초점을 맞춘다.[104] 그중 일부는 그저 식욕, 성욕, 수면욕 같은 기본적 욕구만 채워지면 무엇과도 대립하지 않으며 목적도 당위도 없이 '그저 발생하는' 잉여인간이 되어간다.[105]

"나는 지금 100m를 달리고 있다. 오직 속도만이 나의 무기다. 격려

---

101) 『이성적 낙관주의자』 p.438.
102) 엄기호, 『단속사회』 창비, 2014, p.70.
103) 주창윤, 『허기사회』 글항아리, 2013, p.43.
104) 허태균, 『어쩌다 한국인』 중앙북스, 2015, p.180~3.
105) 최태섭, 『잉여사회』 웅진지식하우스, 2013, p.80.

도 비판도 생각할 시간이 없다. 꼴찌로 도착한다면 무슨 소용이 있겠는가."[106] 가족의 가장부터 나라의 지도자에 이르기까지 "멈추지 말고 앞으로 나아가라."고 압박한다.[107]

한국사회는 급하지 않은 적이 없었고 뜨겁지 않은 적이 없다. 언제 터질지 모르는 지독한 불안과 분노가 밑바닥에서 꿈틀거린다. 마치 휘발유를 바닥에 뿌려놓은 상황과 흡사하다. 어떤 계기나 사건이 불씨가 되어 시뻘건 불꽃으로 타오를지 모르는 위태로움을 안고 산다. 사람들은 남북한의 분단과 그를 둘러싼 열강의 갈등을 보면서 상시적인 불안감에 시달린다. 외신은 북한이 핵미사일을 발사해도 한국 사람들이 놀라지 않는다고 하지만 이는 피상적인 분석이며 실제로는 언제 터질지 모른다는 불안감을 감추기에 급급하다. 다만 뾰족한 수가 없는 데다 눈앞에 닥친 치열한 경쟁 탓으로 이를 마음속에 숨기고 살 뿐이다.

왜 분노하는가

한국인의 분노는 타인과의 비교에서 촉발되거나 '자기 이익'을 확보

---

106) 발레리 줄레조, 『아파트 공화국』, 후마니타스, 2007, p.101. 김현옥 서울시장의 말이다.
107) 『한국인은 미쳤다』, p.44~45.

하는 데서 발생한다. 지역, 성, 직업, 종교, 이념, 세대, 계층 등 사회 전반에 걸쳐 분노를 넘어 증오 사회로 진화하고 있다. [108) 갈수록 취업하기 힘든 젊은 계층이 자고 일어나면 오르는 집값을 보면서 느끼는 박탈감은 헤아릴 수 없을 정도로 크다. 유독 부동산에 집착이 큰 한국 사람들은 내 집의 가격이 조금이라도 떨어질 기미만 보여도 여지없이 분노를 불처럼 표출한다. 아파트 단지에 모래알처럼 고립되어 있던 사람들이 [109) 순식간에 뭉쳐 조직적으로 집단 시위를 벌이는 기이한 풍경이 시도 때도 없이 벌어진다.

"기다림은 나태함과 낮은 지위의 증거로 지목되며 거절의 징후이자 배제의 신호로 간주될 수 있기 때문에 부끄러워해야 할 일이다……. 즉 내가 쓰레기로 전락하게 되리라는 두려움은 사람들의 욕망을 한층 더 탐욕스럽게 하고 변화를 한층 더 빨리 욕망하도록 한다." [110)

---

108) 정지우, 『분노사회』, 이경, 2014, p.33, 42.
109) 박인석, 『아파트 한국사회』, 현암사, 2013, pp.49~51 아파트 단지는 동선 공간 구조가 나무구조로 각 동선 공간마다 사용하는 집들이 정해져 있어 매일 마주치는 사람들이 일정 범위로 제한된다. 이에 반해 단독주택은 그물망 구조로 길에서 누구든 마주칠 수 있으며 누구에게나 통행이 개방된 공공 공간이다.
110) 지그문트 바우만, 『쓰레기가 되는 삶들 - 모더니티와 그 추방자들』, 새물결, 2008, pp.199~200.

왜 이런 현상이 벌어지는 것일까? 여러 가지 이유가 있겠지만 끊임없이 남과 비교하는 데에서 삶의 보람과 의미를 찾는 '이웃효과'가 극한에 이르렀기 때문이다.[111] 사회가 조밀한 데다 동질적이다 보니 비교하지 않고는 못 배기는 습성이 생겼다는 것이다. 힘이 없어 보이면 무시당하기 쉬운 탓에 체면을 지나치게 중시하고 눈치를 끊임없이 본다.

비교의 대상은 누가 뭐래도 돈이다. 모든 사람은 이것을 위해 끊임없이 비교하고 질주하고 싸움을 마다하지 않는다. 지바로족은 에콰도르에 거주하는 남미에서 가장 호전적인 민족이다. 모든 죽음은 하나의 살해로 간주되고 대응살해에 의해서만 원수를 갚을 수 있다고 믿는다. 피의 복수야말로 그들 사회의 접합체이다. 전쟁은 순전한 파괴행위로서 몇 명의 젊은 여인과 어린 아이를 제외한 모든 적이 살해된다. 지바로족이 진정으로 원하는 것은 적의 잘린 머리뿐이다. 그 머리는 독특한 방법으로 처리되어 오렌지만 한 크기로 줄어드는데 이를 찬차라고 불린다. 찬차는 그들이 원하는 모든 것들식량, 물건, 사람의 증가를 가능케 해주며 찬차의 소유자에게는 특별한 권위가 주어진다.[112]

111) 강준만, 『독선사회(세상을 꿰뚫는 50가지 이론 4)』, 인물과 사상사, 2015, p. 159.
112) 엘리아스 카네티, 『군중과 권력』, 바다출판사, 2002, pp.178~182.

우리 사회는 지바로족과 많이 닮았다. 우리가 진정으로 원하는 것은 돈뿐이다. 타인과의 교류도 궁극적으로 돈을 지향한다. 정서적 교감, 예술적 감흥, 철학의 훈련, 체력의 증진은 부차적이다. 일요일에도 학원에 가서 공부를 하는 이유는 더 많은 돈을 벌기 위한 것 외에 아무 것도 아니다. 내 돈의 대부분을 투자한 아파트 값에 조금이라도 손해가 미치면 기어코 폭발하고 만다. 돈만 있으면 가장 살기 좋은 사회라는 점을 모두가 인정한다. 더 이상 호전적好錢的일 수가 없다. 우리 사회의 돈을 가진 자는 지바로족의 찬차를 소유한 자처럼 나머지 모든 가치와 물건을 통제할 수 있는 특별한 지위를 갖는다.

호전적好錢的 사회는 가건물사회 [113]를 낳는다. 짓고는 곧 부수고 재빨리 다시 짓는 사회가 한국사회다. 훌륭하고 오래가도록 짓기보다는 빨리 짓는 데 목숨을 건다. 완성형에는 관심이 없다. 모텔의 수익률이 객실의 회전율에 달려있듯 건축의 수익 또한 재건축의 빠른 주기에 달려 있다. "아파트안전진단 평가에서 불량건축물 평가를 받으면 '대환영' 플래카드가 걸린다." [114] 곧 부술 것이라서 세심하게 건축하고 미

113) 아이뉴스23, "우리 역사는 가건물, 공토를 숲으로 가꿔야", 2017.9.4.
114) 『국가의 사기』 p.160.

세한 부분에 영감을 주는 방식의 설계는[115] 없다. 대단지 아파트 위주의 주택 건설은 관리 비용을 증가시키고 재개발을 일상화시켜 서울을 하루살이 도시로 만들고 있다.[116] 건물만이 아니다. 정치가 그렇고 시장이 그렇다. 교육은 늘 최고의 수준(?)으로 기대를 저버리지 않는다.

보이지 않는 계급

한국사회가 예전에도 뜨거웠던 것은 아니다. 조금만 거슬러 올라가도 사정이 다르다. "우리나라 목수라면 반나절 걸려서 할 수 있는 일을 조선의 목수는 3, 4일 걸리는 것이 보통이다."[117] 혼마 규스케가 이 책을 쓴 시기는 일제 강점기 직전이다. 당시의 한국 사람들은 게으르고 지저분한 데다 동기부여가 되지 못한 채 붕당문화에 젖어 있었다. 또 비숍은 조선 사람들은 둔하고 무감각한 표정의 특징을 갖고 있다고 말한다.[118] 불과 100여 년 전이다. 빨리빨리 문화는 그리 오래된 것처럼 보이지 않는다.

우리는 압축 성장으로 '신화'를 얻었지만 동시에 많은 것을 잃었다.

---

115) 『한국인만 모르는 다른 대한민국』, p.195.
116) 『아파트 공화국』, p.251.
117) 혼마 규스케, 『조선잡기(일본인의 조선정탐록)』, 김영사, 2008, p.31.
118) I.B. 비숍, 『조선과 그 이웃나라들』, 집문당, 2000, p.339.

새 것, 빠른 것, 눈앞의 것에 집중하는 사이 헌 것, 느린 것, 지난 것을 잃었다. 한국인 대부분은 극단적인 단절감 속에 산다. 과거로부터의 연속성을 전혀 느끼지 못한다. 조선과 대한민국을 흐름이 끊긴 별개의 나라처럼 여긴다. 전통적인 것이나 낡은 것은 보전하지 않고 강박적으로 새것만 좋아한다. [119] 느긋함은 사라지고 조급함은 과하다. 너그러운 사회가 깐깐한 사회로 변모했다. [120] 산업의 급속한 발달과 부동산 가격의 폭등으로 부가 급팽창하고 또 집중되면서 모든 것이 금전으로 환원되는 사회가 되었다. 반면에 도덕, 의리, 정, 용서 같은 가치들은 전근대적인 것으로 폐기처분되었다. 신분제는 사라졌지만 신분의식은 그대로 잔존한다. 모든 사람은 군대 안에서처럼 '보이지 않는 계급Invisible Rank'을 달고 산다.

공무원 사회도 한국사회의 변동에 그대로 노출될 수밖에 없다. 개발시대에는 공무원 사회가 민간을 이끌었지만 그런 시대는 막을 내렸다. 거침없는 민의 시대가 왔다. 주민은 '더 빨리', '더 많이'에서 만족하지 않고 '더 좋게'를 요구한다. 그렇게 못하면 '그냥 놔두라.'고 한다.

---

119) 『한국인만 모르는 다른 대한민국』 p.55, 213.
120) 2017년 영국 가디언(Guardian)지가 총인구 중에 자선 단체에 기부하는 비율, 자원봉사 참여 여부, 낯선 타인을 돕는 행위 등을 참조해 발표한 '너그러움' 지수에서 한국은 140개국 중 81위였다.

뜻대로 되지 않으면 기다려주지도 이해해주지도 않는다. 주민들은 사회가 공정하지 않기에 [121] 들고 일어나지 않으면 손해를 본다고 생각한다. 바우만의 주장처럼 기다림을 낮은 지위의 증거로 거절의 징후이자 배제의 신호로 여긴다. 이왕이면 더욱 강렬하게 불만을 표출시켜야 요구를 관철시킬 수 있다고 믿는다. '정서법', '떼법'이라는 용어가 등장하는 이유다.

공무원의 입장에서 보면 국민의 요구가 수나 양태에 있어서 감당하기 어려울 정도다. 지자체의 경우 1년에 공무원 1인당 평균 수십 건의 민원에 직면한다. 수도권의 인구 50만이 넘는 큰 시에는 일 년에 10만 건도 넘는 민원이 쇄도한다. 이는 접수된 민원만을 집계한 것으로 실제로 접수되지 않은 민원까지 합치면 그 수는 훨씬 많다. 시위대는 하루가 멀다 하고 청사 앞으로 들이닥친다. 1인 시위는 너무 흔해 안 보이면 이상할 정도가 되었다. 80년대 운동 가요는 아이돌의 유행가만큼 흔한 노래가 되었다.

민원은 쉽게 님비로 이어진다. 님비현상은 매번 세계신기록을 갈아

---

121) 2016년 국제투명성기구(TI)가 발표한 부패인식지수(CPI)에 따르면 한국은 52점으로 OECD 35개국(평균 68점) 중 29위다.

치우는 높이뛰기 선수와 같다. 쓰레기 소각장·매립장, 하수종말처리장, 장사시설, 물류단지, 초고압 송전선로, 유기견 보호소, 특수학교[122]는 물론 어린이집, 소방서, 기숙사, 택시정류장, 연구시설까지도 님비 시설로 간주되고 있다.[123] 님비 시설 목록은 점점 길어지고 있다. 최근에는 청년들이 시끄럽고 아무 데나 침을 뱉으며 초등학생들의 안전을 위협한다는 이유로 청년임대주택도 님비 시설로 취급되는 실정이다. 이런 식이라면 님비 시설에 해당되지 않는 시설이 없을 것이다. 시설 입지에 대한 반대는 기득권자의 텃세와 다를 것이 없다. 그동안 많은 것을 개선했는데도 민원이나 시위는 나아질 기미가 보이지 않는다.

그렇다고 행정이 '갈라파고스'처럼 홀로 존재할 수 없다. 사회 변동에 무관심하다가는 아예 고립될 수 있다. 그렇다고 사회와 똑같이 변하기도 어렵다. 자칫 행정의 안정성이 흔들릴 수도 있다. 그렇다고 안정성을 지나치게 강조하다 보면 '당신들의 천국'이 되기 쉽다. 사회변

---

122) 경향신문, "'무릎 호소' 6개월, 다시 열린 강서 특수학교 설명회 또 '고성, 야유'", 2018.3.26.

123) 님비 해결방안으로 주민들과의 소통을 도모하며, 해당 시설의 일정 부분을 지역주민에게 개방하거나 일자리를 제공하는 것이다. 대표적으로 하수처리장을 지하에 설치하고 그 상부 공간을 주민 체육공간으로 활용한 사례를 들 수 있다.

동이 독이 될지 약이 될지는 공무원이 받아들이기에 달렸다. 사회와의 관계를 '경계는 있되 없게' 만들어야 한다. 사회라는 이웃과 서로 소통할 수 있으면서도 내 영역을 가질 수 있는 경지가 그것이다.

2. 편은 겹을 부순다

연고주의의 정체

"편의 정치는 끊임없이 적대를 창조하고 그 적대로 사람들을 몰아가며 너는 누구 편이냐고 윽박지르며 '겹'을 파괴한다."[124]

사람들은 타자 또는 이방인과의 관계는 차단하는 한편, 연고를 공유한 집단 안에서만 안주하려 한다. 자신들이 원하는 쪽과만 접속하고 그렇지 않은 쪽과는 단절한다. '단속斷續사회'라 할 만하다. 아무리 잘 연결된 네트워크에서 수많은 감정과 정보를 주고받는다 해도 내가 알고 있는 사람들에 한정된다면 진정한 소통이라고 보기 어렵다. 소통은 낯선 것에 대한 포용을 바탕으로 가능하다. 낯선 것은 배척하거나 친숙한 것에만 연결하는 경향은 확증편향에 불과하다.

"인터넷에는 정보가 너무 많아서 자정작용이 일어날 수가 없어. 오히려 그 반대되는 현상이 일어나지. 끼리끼리 뭉치는 거 말이야……. 그렇게 인터넷을 오래 할수록 점점 더 보고 싶은 것만 보고 믿고 싶은 것만 믿게 돼. 확증편향이라는 거야. TV보다 훨씬 나쁘지. TV는 적어

---

124) 『단속사회(쉴 새 없이 접속하고 끊임없이 차단한다)』, pp.8~10.

도 기계적인 균형이라도 갖추려 하지." [125)

 연고주의가 보여주는 단절과 경계는 자기애와 다르지 않다. 연고주의는 소아적 자기애가 나이를 먹으면서 내집단, 동류집단에로 옮겨간 것에 불과하다. 연고주의에 빠져 타인을 보지 않는 사회가 바로 나르시시즘 사회이다. "타자와의 만남을 차단하고 그 만남을 구경으로 전환하며 자신의 세계에 만족하고 안도할 때 만남은 나르시시즘으로 포획된다." [126)

 "우리가 대상을 사랑하는 이유는 자신의 자아를 위해 얻고자 한 완전함을 그 대상이 나타내기 때문이다. 우리는 자신의 나르시시즘을 만족시키기 위해 이런 우회적인 방법으로 그 완전함을 얻고 싶어 한다." [127) 나르시시즘은 자기애에만 머무르지 않으며 자신과 타인을 극단적으로 차별한다. 에리히 프롬은 자아도취에 빠진 사람은 남에게 관심이 없지만 자신에 대한 어떤 비판에도 격렬한 분노를 표출한다고 주장한다. 또한 자기 자신에 대해서는 과대평가를 하지만 다른 사람

125) 장강명, 『댓글부대』, 은행나무, 2015, pp.56~57.
126) 『단속사회』, p.249.
127) 지그문트 프로이트, 『집단심리학과 자아분석』, 지도리, 2013, p.69.

들에 대해서는 증오심을 갖는다고 본다. [128]

　그런데 막상 자아도취에 빠진 사람은 그것을 모른다. 물에 비친 자신의 모습에 반한 그리스 신화의 나르키소스처럼 자신의 경계를 한 발짝도 벗어나지 못한다. 오히려 자아도취를 당연하게 여기면서 그렇지 않은 사람을 이상한 사람으로 몰아간다. 사회가 나르시시즘에 빠질 때 그 위태로움은 격심할 수밖에 없다. 위기 앞에서도 임시방편에 기댄 채 변화를 거부하고 희생양을 찾아 끔찍한 짓을 마다하지 않는다. 모든 문제는 외부에서 비롯한다고 믿는 탓이다. 우리 사회의 연고주의는 덜도 더도 아닌 나르시시즘의 전형이다. 연고주의에의 집착이 큰 만큼 나르시시즘도 강렬하다. 점진주의가 행정의 대표적 슈퍼밈이라면 연고주의는 한국사회의 대표적 슈퍼밈이다.

　"정권은 거대한 클랜과도 같다. 한 사람의 대통령 아래에서 먹고살아야 하는 사람들이 많다. 정부의 각 부처도 그 자체로 하나의 클랜이지만, 정권만큼 큰 클랜은 없다." [129]

---

128) 『인간의 마음』 p.117, 139.
129) 『국가의 사기』 pp.133~134.

연고주의는 클랜(clandestin [130])의 기름진 토양이다. 연고주의가 강할수록 클랜도 강력해진다. 클랜은 어원처럼 비밀스럽게 생겨나고 작동한다. 클랜은 이념보다 강하다. 겉으로 드러나는 이념이나 정책과는 달리 클랜은 뒤에 숨어 이념이나 정책을 조종한다. 인형극에서 보듯 클랜은 무대 뒤에서 줄을 당기거나 풀어 인형을 조종하는 사람이다. 클랜은 관료제처럼 확장 지향적이다. 영토의 확장을 위해 끊임없이 싸움을 벌인다. [131]

미친 사람으로 취급 받은 춘추시대 초나라 사람 접여는 사람이 "땅에 금을 긋고 그 안에서 종종걸음畵地而趨한다."고 노래 부른다. 어느 편을 위해 '쓸모 있으려' 애쓴다는 것이야말로 쓸데없고 위태로운 일이라는 것이다. [132] 정말 미친 사람은 접여를 미친 사람으로 몰아붙인 사람일지 모른다.

---

130) 클랜(clan)은 씨족 또는 파벌을 의미하며 어원은 '비밀스러운'이라는 뜻이다.
131) 『국가의 사기』 pp.131~132, 158~160 저자 우석훈은 한국전력의 민영화 문제는 금융 클랜(재정경제부 중심)과 실물 클랜(산업자원부 중심)의 물러날 수 없는 일전으로, 1996년 서울 당산철교 문제는 환경 클랜과 토건 클랜의 전쟁으로 본다.
132) 『장자』 pp.218~219.

향우회, 24시간 편의점

한국사회에서 출신지역은 꼬리표와 같다. 상품의 포장지에 인쇄된 바코드 또는 QR코드나 군인들이 목에 걸고 다니는 인식표와 같다. 꼬리표는 평생 붙어 다닌다. 처음 보는 사이인데도 출신지역이 같다고 순식간에 더도 없는 사이가 된다. 참으로 해괴한 일이 아닐 수 없다. 생각이나 의견이 같은 사람끼리 모여 교류를 하고 집단의 힘을 형성하는 것은 자연스럽다. 그러나 오로지 출신지역이 같다는 이유만으로 줄기차게 모임을 갖고 모임에서 새벽 2시에도 모임에 달려가는 일은 아무래도 이상하다. 한국사회의 향우회는 언제든 서비스가 가능하다는 점에서 1년 365일 여는 '24시간 편의점'과 같은 존재다.

출신지역이 같은 사람끼리 어울려 지내는 게 무슨 문제냐고 말하는 사람이 있다. '맞다.'고 말하고 싶지만 현실을 보면 그렇게 맞장구치기 어렵다. 향우회가 날카로운 능선을 기어오르는 것 같은 현대사회의 삶 속에서 정서적 교감의 통로가 되는 것은 사실이다. 비공식적 측면을 채워준다는 점에서 순기능을 부인할 수 없다. 그러나 친목 차원에 머무를 때에만 그렇다. 안타깝게도 이런 관계는 정서적 교류를 넘어 업무나 공적인 사항으로 확대되기 일쑤다. 술자리의 형님 동생 관계는 너무 쉽게 업무 영역에서의 서로 봐주는 거래 관계로 변질된다.

한국사회의 출신지역 모임은 자기애의 연장이다. 동향인에 그토록 집착하는 이면에는 낯선 자들을 밀어내고 말겠다는 심리가 도사리고 있다. 이렇게 되면 "타자와의 관계는 차단한 채 동일성에만 머무르고 자기 삶의 연속성조차 끊어져버린 상태에 빠진다."[133] 지나친 결속이 과도한 단절을 낳는다. 그런데도 사람들은 공공연하게 고향 사람을 찾아 두리번거린다. 현대를 살면서 전근대를 사는 사람의 태도를 보인다. 근대의 결핍은 두고두고 문제를 낳는다.

공직사회라고 다를 게 없다. 일반 사회에서처럼 공직 내부에도 출신지역을 매개로 하는 모임이 고목나무에 표고버섯 피듯 어김없이 존재한다. 모임에 나온 사람들이 고향 얘기만 하는 것은 아니다. 직장에서의 여러 가지 일들에 대해, 다가오는 인사에 대해, 회원 중에 누가 승진이 유력한지에 대해, 다가오는 선거에서 누구를 밀어야 하는지에 대해서도 이야기한다. 마침 그 자리에 인사부서 담당자나 고위직이 있으면 인사에 관한 정보를 묻기도 하고 승진이나 영전을 부탁하기도 한다. 그런데 인사에 관한 정보는 누설해서는 안 되는 업무상의 비밀에 해당한다. 부탁은 '이건 절대 청탁이 아니고 그냥 부탁에 불과하다.'라고 강조해도 청탁일 뿐이다. 물론 당사자가 직접 말하기보다

---

133) 『단속사회』, p.10.

는 주변 사람이나 연장자가 거들고 나선다. "누구 좀 승진시켜 줘!"라고 하지 않고 에둘러 말한다.

- "우리 회원 ○○○ 주무관_{팀장 또는 과장}이 이번에 승진해야 합니다. 고향에서 가진 거라고는 ○○ 하나밖에 없이 이곳으로 올라와 고생이라는 고생은 다 하지 않았습니까. <small>여기저기서 웃음소리가 난다. 집중을 위해서는 유머만큼 효과적인 것도 없다.</small> 우리 모임을 위해서도 이만저만 애쓴 게 아닙니다. 여기 오신 국장님이나 인사팀장이 말씀은 안 하셔도 다 알아서 챙겨주실 것이라고 믿습니다. 그렇죠? 제 말이 맞으면 '네'라고 해주세요."
- "네~"

모든 이가 일제히 화답한다.

- "우리 ○○ 향우회가 어떤 향우회입니까. 고향에 대한 애정으로 똘똘 뭉쳐 국회의원도 내고 시장도 낸 향우회 아닙니까. 모두 우리 회원님들의 정성과 열정 덕분입니다. 자! 이 대목에서 우리 ○○ 향우회를 위해 건배 한 번 하겠습니다. 제가 '우리는 하나다!' 하면 '영원히!'로 삼창해주시기 바랍니다."

주관하는 자가 잠시 목을 가다듬고는 외친다.

- "우리는 하나다!"
- "영원히! 영원히! 영원히!"

다들 술잔을 높이 들고 함께 외친다. 연습이라도 한 것처럼 호흡이
딱딱 맞아떨어진다.

- "자! 한 번 더 갑니다. 이번엔 자동입니다. ㅇㅇㅇ 주무관_{팀장 또는}
_{과장}의 승진을 위하여!"
- "위하여! 위하여! 위하여!"

향우회에 나가지 않으면 왠지 찜찜하다. 자동차보험에 들지 않고
운전하는 기분이다. 무슨 일이 생기면 소외당하지 않을까 도움을 못
받는 것 아닐까 하는 공연한 걱정이 든다. 그래서 모임에 빠지지 않고
나가거나 빠져도 회비는 내려고 한다. 모임은 자주 빠져도 회비를 꼬
박꼬박 내는 회원은 용서를 받는다. 모임에 참석한 회원에게 무슨 이
야기가 있었는지 물어보기도 한다. 다른 사람들한테는 자신의 출신지
역을 내세우지 않으면서도 동향인들에게는 자신이야말로 오리지널
출신이라며 고향에 대한 세세한 내용까지 떠벌린다.

끈적거리는 데다가 한껏 과장된 모임에 부담을 갖는 직원이나 자녀

때문에 일찍 집에 들어가야 하는 여성 직원은 딜레마에 빠진다. 등질 수도 없고 껴안을 수도 없다. 등졌다가는 고향에 관심이 없는 사람으로 찍힐지 모른다. 불이익을 받지 않는다고 해도 회원이면 얻을 수 있는 이득이나 기회를 놓치게 된다. 자신도 모르게 낙인찍기의 희생자가 될 수 있다. 그렇다고 껴안자니 마음이 내키지 않는다. 별 이유 없이 끈적거리는 그 분위기가 수상하다. 대수롭지 않은 인연을 놓고 무슨 운명적인 만남이나 되는 것처럼 과장하는 분위기가 영 마음에 들지 않기 때문이다.

향우회鄕友會에 집착하다가는 향우회가 '향후회鄕後悔'가 될지 모른다. 향우회가 특정 지역 출신의 사람들끼리만 교류하고 이득을 취하는 방편이라면 우선 그런 이유로 다른 향우회의 사람들로부터 배척당할 수밖에 없다. 게다가 다른 향우회에 있는 교류할 만한 사람이나 향우회에 관심이 없지만 괜찮은 사람과 교류할 기회를 얻지 못하게 된다. 스스로 기회를 차단하는 셈이다. 그리고 권력이 부침을 거듭하듯 내가 속한 향우회가 지금은 영향력이 있다고 하더라도 언젠가는 쇠락할 수 있기에 반드시 이득을 본다는 보장이 없다. 작은 이득을 얻고 큰 것을 놓치는 후회막급의 모임이 될 수 있다.

어떻게 생각해봐도 올바르지 못하다. 울타리를 쳐서 내 이득을 공고히 하고 다른 사람을 배척하기 때문에 비도덕적이다. 끼리끼리 봐주기는 원칙을 해치고 공정한 룰을 망친다. 또 서로 협업하면 커질 파이를 서로 배척함으로써 작아지게 만든다. 호모사피엔스가 지구에 출현한 게 고작해야 30만 년 전이다. 생명의 35억 년 역사를 감안하면 햇병아리인 셈이다. 동아프리카에서 출현한 현생인류가 국가나 지역으로 나눠진 것에 불과한데도 '그 작은 지역'에 함몰된다는 것은 생명의 가치, 현생인류의 의미를 저버리는 일이다. 우주의 흐름 속에서 탄생한 인간의 가장 저속한 배신이다. 이런 사람은 우주나 생명을 입에 올릴 자격이 없다.

로마제국의 제16대 황제 마르크스 아우렐리우스는 2천 년 전 이렇게 말했다. "우주에 무엇이 있는지 모르거나 일어나고 있는지 모르는 사람은 우주 속의 이방인이다. 인간의 보편적인 본성인 이성을 저버린 채 스스로를 고립시키고 학대하는 사람은 우주에 붙어 있는 종기에 지나지 않는다."[134]

동문회, 수상한 질주

동문회 또한 향우회와 크게 다르지 않다. 둘은 그 맹목성과 폐쇄성

---

134) 아우렐리우스 마르쿠스, 『명상록』, 홍신문화사, 1995, pp.70~71.

에서 쌍둥이다. 본래의 순수한 취지를 저버리고 잉여의 이득을 도모하려고 해서 문제다. 한국에서처럼 출신 대학교가 개인 스펙의 결정적 요소로 작용하는 사회에서 출신 대학교가 같다는 이유로 모임을 만들어 수시로 만난다는 사실 자체만으로도 오해받을 만하다. 동문회는 해당 대학교의 사회적 서열을 사회생활에서도 그대로 적용하는 우를 범한다. 소위 상위권 대학교일수록 더욱 그렇다. 일류대학 출신이므로 사회에서도 최상위권의 지위나 권력을 누려야 한다는 고정관념에 쉽게 빠진다. 이런 동문회는 회원이 몇 명이며 회원의 사회적 지위나 권력이 어느 정도인지에 예민하다. 다른 동문회와 비교해 필요 이상의 자부심이나 열패감을 갖는다.

공직사회에서의 동문회는 한층 과도한 경향을 보인다. 어딜 가나 동문들이 있게 마련이어서 자연스럽게 동문회가 만들어진다. 대개 학번이 빠른 사람이 회장을 맡고 허리쯤에 있는 사람이 총무를 맡는다. 모임은 필요 이상으로 과장되곤 한다. 폭탄주나 일탈로 결속을 다지는 가운데 선배는 후배를 은근히 끌어주고 후배는 선배에게 도움을 청한다. 다들 그렇게 하는데 이상할 게 없다고 생각한다. 출신 학교가 같으면 똘똘 뭉쳐 밀고 당겨줘도 괜찮다는 관습법이라도 존재하는 양당당하다. 이런 이유로 특정 지역의 출신들이 잘나갈 때가 있는 것처럼 특정 대학의 출신들이 잘나갈 때가 있다. 기수가 빠르거나 지위가 높다는 이유로 회장이 된 사람은 최근에 동문 중 누가 국회의원, 장관, 장성, 기업 총수가 되었다며 한참 떠벌리다가 동문회가 영원한 일류가 될 수 있도록 젖 먹던 힘까지 쓰자며 건배를 제의한다. 이 어이없는 질주는 남성들의 몫이다. 공직사회에서도 남성들은 밤의 질주를 탐닉한다.

공무원 시험의 경쟁률이 심해지면서 어느 대학교가 몇 명의 합격자를 배출했는지로 대학교 서열이 정해진다. 소위 '랭본대^{랭킹으로 본 대학}'가 존재한다. 대학 캠퍼스에는 시험에 합격한 동문의 이름을 일일이 써놓은 현수막이 흔히 목격된다. 의외로 합격자가 많으면 인풋 대비 아웃풋이 좋은 대학교라고 치켜세우거나 그렇지 못하면 인풋만 그럴듯한 허울 좋은 대학교라고 비난한다. 온라인에서는 합격자 수를 놓고 서로 다른 대학교 출신자들 사이에 서열 논쟁을 벌이기도 한다.

그런데 이들이 자랑스럽게 여기는 동문이라는 관계도 알고 보면 별게 아니다. 그저 점수가 비슷하거나 운이 맞아 떨어진 것에 불과하다. 대학교 간의 서열이 존재해 누구든 자신의 점수에 맞춰 대학교를 고른다. 자신의 점수보다 높은 서열의 대학교에 가려고 하면 했지 점수가 높은데도 대학교를 낮춰 가는 경우는 드물다. 그러다 보니 점수가 비슷한 사람들이 같은 학교에 입학하게 된다. 설사 학교의 매력에 반해 입학했다고 해도 학교가 지향하는 가치에 반한 것이지 동기들이나 동문들의 매력에 취한 것은 아닐 것이다. 실상이 이런데도 우연을 필연으로 만드는 게 한국의 동문회다.

향우회나 동문회와 같은 동질적인 집단에 들어가게 되면 극단적인 태도를 갖게 될 우려가 있다. 같은 정보를 공유하게 되고 생각에 생각이 보태지면서 확증이 생기기 때문이다. 게다가 집단 내 구성들에게 자신의 이미지를 호의적으로 보이고자 하는 평판의 압력이 작용한다. 자신의 의견을 숨긴 채 영향력이 큰 구성원의 의견에 따르려는 경향이 강해진다. [135]

사람들의 다양한 의견들은 모임이 만들어져 교류가 활발해지면 대부분 사라지고 몇 가지만 남게 된다. 사공이 많아 배가 산으로 가는 게 아니다. '좋아요!'라고 하는 사람만 있어 배가 산으로 간다.

---

135) 『우리는 왜 극단에 끌리는가』 pp.40~49.

3. 민원 공화국

진상 민원

민원은 밀물처럼 공무원을 향해 몰려온다. 정신 차리지 않으면 쓸려 갈 수 있을 만큼 거대하고 격렬하다. 단순민원이 제일 많지만 고충민원[136]이나 복합민원[137]도 적지 않다. 특히 복합민원은 건축허가와 같이 여러 부서에 거치는 민원으로 행정 칸막이 탓에 해결이 더디다. 담당자는 민원이 접수되면 일정 기한 내에 그 결과를 통보해야 하기 때문에 처리를 미룰 수 없다. 민원을 얼마나 빨리 처리하는지에 대해 평가를 받기 때문에 서둘러야 한다는 압박감에 놓인다. 시간을 가지며 근본적으로 해결하기보다는 밀려오는 민원을 그때그때 처리하는 데 급급하다.

'진상 민원인'이 존재한다. 관공서에 찾아와 이유 없이 소리를 지르거나 욕설을 해댄다. 소리를 지르거나 욕설을 하지 않으면서도 엉뚱한 이유를 대며 집요하게 물고 늘어지기도 한다. 술에 취해 기물을 부

---

136) 행정의 위법 부당하거나 소극적인 처분 및 불합리한 제도로 인해 권리를 침해받거나 불편 또는 부담을 느끼는 것에 대한 민원을 말한다.
137) 하나의 민원 목적 실현을 위해 여러 관계 기관 또는 부서의 인가 · 허가 · 승인 · 추천 · 협의 또는 확인 등을 거쳐 처리되는 법정민원을 말한다.

수는 사람도 있다. 일정한 시간에 전화를 걸어 트집을 잡거나 욕설을 퍼붓는 이도 있다. 어쩌다 그런 일이 벌어지면 그러려니 하고 넘길 수 있지만 매일같이 찾아오거나 전화를 거는 사람은 공무원에게 커다란 스트레스를 준다. 민원 창구에서 근무하는 직원 중에는 하루가 멀다 하고 눈물을 흘리는 공무원도 있다.

같은 민원인인데도 시청을 방문할 때의 태도와 동 주민행복센터를 방문할 때의 태도가 다른 경우도 있다. 시청과 동 주민행복센터에서 모두 근무한 경험이 있는 직원의 이야기에 의하면 시청에 올 때는 매너를 지키고 점잖은 목소리로 민원을 내지만 동 주민행복센터에 와서는 공무원을 하대하면서 거만한 태도를 취한다는 것이다. 서열의식에 젖어 있어 시청 공무원은 높고 동 행복센터 공무원은 낮다고 생각하는 탓이다. 심지어는 동 주민행복센터에 근무한다는 사실을 두고 공무원일 리가 없으며 임시직일 거라고 의심하기도 한다. 어쨌든 안타까운 일이 아닐 수 없다.

진상 민원은 여러 이유로 발생한다. 처지가 열악한 사람이 스스로 감당할 수 없는 분노를 누군가에게 풀어놓고자 한다. 직접적인 이유 없이 공무원을 공격하는 일이 벌어진다. 그런데 사실상 다른 사람은 가능하지 않기에 공무원을 찍은 것이다. 자신의 명예가 훼손되었다고 여기는 자도 극렬한 형태의 민원을 제기한다. 자신이 내는 세금으로 월급을 받는 공무원에게 수치스러운 일을 당했다고 생각되면 참을 수 없는 일이 된다. 가장 일반적인 형태는 자신의 집값이나 땅값이 손해를 입는 경우에 발생한다. 한국사회에서 부동산은 개인에게 거의 모든 재산이다. 어떤 주택을 어디에 소유하고 있는지가 그 사람의 계층을 결정하는 기준이 된다. 고로 자신이 소유한 아파트의 가격에 부정적인 영향을 미치는 어떤 행정 행위도 용납하지 못한다. 민원은 그런 이유로 뜬금없이 격렬해진다.

공무원이면 한번쯤은 경험해보는 진상 민원인이 있다. 똥바가지로 똥물을 퍼와 청사 로비나 기관장실 앞에 뿌리는 민원인이다. 민원인이 '내 똥만도 못한 인간들! 이거나 먹어라!'하고 한 방 먹이는 것이다. 똥물을 봐야 하는 공무원은 고약한 냄새만큼이나 난처하기가 따로 없다. 하지만 똥물을 뿌리는 사람은 그렇게 통쾌할 수 없다. 평소 어렵게만 느껴지던 관공서나 공무원에 대한 일격이며 낙인이다. 공무원이 기억해야 할 것은 똥물의 냄새가 아니라 똥물을 뿌린 사람의 마음일 것이다. 그는 '너희들 마음속에 우리가 있기나 한 거냐?'라고 묻고 있는 것이다. 똥물 냄새는 지독하지만 정직하다. 진짜로 부패한 것은 냄새도 풍기지 않는다.

민원인을 어떻게 대해야 하는가 하는 문제는 공무원에게 풀기 어려운 숙제다. 민원의 해결에 있어서 공무원은 규정이나 관례를 따지지만 기관장은 민원인 입장에서 민원을 보려고 한다. 규정 안에서 민원의 해결이 가능하면 다행이지만 그렇지 못하면 당장 딜레마에 빠진다. 규정에 대해 두 개 이상의 각도에서 해석이 가능한 경우 공무원은 기존의 입장에 의존하려고 하지만 기관장은 그 입장은 뒤집을 수도 있다고 본다. 공무원의 소극적 태도가 문제가 되는 경우도 기관장의 지나친 지시가 문제가 되는 경우도 있다.

'모닝 욕'

아침마다 전화를 걸어 욕설을 퍼붓는 사람이 있다. 직원들은 아침에 커피 대신에 욕을 먹는다고 해서 '모닝욕'이라고 부른다. 그는 전화를 걸어 자신의 주변의 것들에 대해 불만을 털어놓으며 이야기를 시작한다. '왜 집 앞에 쓰레기를 치우지 않느냐?'거나 '주차할 곳이 없는데 왜 주차장을 만들지 않느냐?'고 따진다. 공무원이 어떻게 대응하든 그는 자신의 길을 간다. 시간이 갈수록 말투는 거칠어진다. '도대체 너희들은 양심이라는 게 있는 거냐?' '내가 낸 세금으로 월급 받는 주제에 그 따위로밖에 일하지 못하느냐?'며 공무원 집단을 싸잡아 공격한다. 이윽고 분을 참지 못하고 스스로 폭발하고 만다. '이 개○○들! ○같은 ○○들!', '사기꾼보다 더한 ○○들!', '국민 피 빨아먹고 사

는 기생충 같은 ○○들!' 등 갖은 욕을 터뜨린다. 그의 욕설은 그날그
날 달라 30분도 걸리고 1시간도 걸린다. 어쩌다 전화를 걸지 않는 적
은 있어도 욕설을 짧게 끝내는 적은 없다.

　처음에는 하소연을 들어주면서 설득하던 공무원들도 아침마다 걸
려오는 전화에 지쳐버린다. 나중에는 대응을 포기하고 그냥 들어주
는 시늉만 한다. 공무원은 '오죽하면 그러겠는가.'라고 이해하려고 하
면서도 아침마다 욕설을 듣는 일에 진저리를 친다. 공무원 시험을 준
비할 때는 합격하면 무슨 일이든 할 수 있다고 생각한다. 하지만 막상
공무원 시험에 합격해 진상 민원인을 대하게 되면 '내가 이러려고 공
무원이 되었나?' 하는 자괴감에 빠진다. 특히 동 주민행복센터에는 이
런 진상 민원인이 드물지 않은데, 경험이 많은 공무원조차 힘들어하
는 게 사실이다.

　아침마다 전화로 욕설을 퍼붓던 그는 기초생활수급자였다. 30대 후
반의 그는 말끝마다 불만이다. 세상이 자신을 버렸다고 여겼다. 열심
히 살았는데 운이 안 따라 되는 일이 없다는 것이다. 그 분풀이를 공
무원에게 하는 것이다. 커피 대신 욕을 먹는 공무원이 본의 아니게 그
의 정서적 안정(?)에 기여하는 셈이다. 공무원 입장에서 당황스럽고
힘든 건 사실이지만 이것 또한 크게 보면 공무 수행에 해당할 수도 있

다. 어려운 처지에 놓인 국민들의 하소연때로는 욕설까지을 받아주는 일은 예산을 지원해주는 일만큼이나 의미를 가진다. 정서적 교류가 가능했던 공동체가 해체되고 엄청난 경쟁의 압력 아래 고립되어 살고 있는 사람들에게 자신의 이야기를 들어줄 사람이 존재한다는 사실만큼 위안이 되는 일도 없을 것이다. 이런 욕설을 들어줄 사람이 어디에 있겠는가. 공무원도 '만만한 게 공무원'이라는 자괴감에만 빠질 것이 아니라 민원인의 처지와 그가 얻는 위안을 생각해봄직하다. 진상 민원인도 어쩌면 자신의 이야기를 기꺼이 들어주는 공무원에게 속으로는 고마워할지 모른다.

■ 민원의 최대공약수

　도로를 보수하는 체험을 했을 때였다. 비가 오고 나면 도로 이곳저곳에 구멍_{포트홀}이 파인다. 사고의 위험이 있어서 바로 보수를 해야 하는데 통행하던 차를 우회시키거나 서행시키면서 구멍을 때워야 한다. 작업은 번갯불에 콩 볶아 먹듯 빠르게 진행된다. 치고 빠지는 게릴라가 따로 없다. 막상 작업을 같이 해보니 보통 위험한 게 아니다. 평소처럼 그냥 달리면 된다고 생각하고 한눈을 파는 운전자가 있을 수 있기 때문이다.

　우선 구멍에 있는 돌이나 이물질을 빼낸다. 그리고 아스콘이 든 부대 자루를 차에서 내려놓는 동시에 삽을 부대자루에 푹 찔러 넣는다. 찢어진 쪽을 입구로 해서 아스콘을 좀 많다 싶을 정도로 구멍에 쏟아 넣는다. 물론 보수할 면적이 클 때에는 롤러를 쓰기도 하지만 작은 구멍은 앞에 주차해둔 작업차를 후진시켜 구멍에 부어진 아스콘을 다진다. 그런 다음에 그 위에 모래를 뿌린다. 모래는 차량의 바퀴를 보호해주고 아스콘이 자리를 잡도록 도와준다.

　그런데 운전에 집중하지 못한 한 운전자가 수신호를 보내는 안전요원의 사인을 뒤늦게 발견하고는 급정지를 했다. 그는 차를 세우고 뛰쳐나와 도로보수 작업 탓에 사고가 날 뻔했다며 대번에 욕설을 퍼붓는다. "여기 책임자 누구야? 사고 날 뻔했잖아. 이 미친 ○○들! 정신이 있는 거야 없는 거야?" 현장에 있는 직원은 작업을 빨리 마무리 짓기 위해 실랑이를 벌이는 대신 책임자의 이름과 전화번호를 넘긴다. 그제야 그는 "공무원 ○○○들 하는 짓거리라고는!" 하면서 가래를 퉤! 뱉고는 다시 차에 올라탄다. 그 차 뒤의 운전자는 길이 막힌다고 창문을 내리고 삿대질을 한다. 이처럼 신속하게 도로보수를 해달라고 재촉하는 민원인이 있는가 하면 왜 하필 이 시간에 작업을 하냐고 항의하는 민원인도 있다.

민원을 최대공약수로 요약하면 '도로 보수는 신속하게 하되 내게 불편은 주지 마라!'이다.

4. 야합과 음모

향우회나 동문회의 폐해는 행정 내부에 머무르지 않는다. 언론인이나 정치인들도 향우회나 동문회를 필요로 하기는 마찬가지다. 언론인은 기사의 소스를 찾거나 광고를 유치하고자, 정치인은 지지기반을 넓히거나 자신의 클랜을 챙기기 위해서다. 정서적 교류를 내세워도 속내는 사뭇 다르다. 기꺼이 고립자로 살겠다는 사람이면 몰라도 향우회나 동문회를 의식하지 않는 한국 사람은 없다.

동문회나 향우회에 참석하는 사람들은 자신이 속한 동문회나 향우회의 영향력이 클수록 좋아하기에 정치인이나 언론인이 참여하는 것을 굳이 배척하지 않는다. 모양새가 어색하면 정식 회원이 아닌 옵서버 자격으로 참여하기도 한다. 그런 만남을 통해 자연스럽게 네트워크가 형성된다. 실제로 인사철이 되면 공무원은 언론인이나 정치인에게 줄을 대고 그 언론인이나 정치인은 최종 인사권자인 기관장에게 청탁을 하게 된다. 기관장이 공식석상에서 청탁하지 말라거나 청탁을 하면 불이익을 주겠다고 엄포를 놓아도 그 말을 믿는 공무원은 많지 않다. 오히려 청탁을 하지 않으면 다른 사람에게 밀릴지도 모른다는 조바심 탓에 있는 줄, 없는 줄까지 동원하려고 한다.

이런 배경 탓에 정치적 중립을 지켜야 하는 공무원이 정치인이나 언론인과 지나치게 가까워짐으로써 여러 문제가 불거진다. 업무상 비밀이나 중요한 내용을 지켜야 함에도 자신이 아는 언론인에게 이를 누설시키는 경우가 생긴다. 그런데 여기에는 교환이나 호혜주의 법칙이 작용하기 마련이다. 공무원이 주로 바라는 것은 승진이나 좋은 자리로 전보하는 일이다. 내가 당신에게 좋은 정보를 용기 있게(?) 제공했으니 당신도 내가 승진 또는 영전할 수 있도록 도와줘야 한다는 묵계가 성립하는 것이다.

정치인과의 관계도 마찬가지다. 일부 공무원은 지역 또는 학교라는 연고를 등에 업고 인사에서의 이익을 구하고자 한다. 공무원은 물론 청사 출입하는 언론인과 관내 정치인의 출신지역과 출신 학교, 다른 이들과의 친소관계에 관심이 많다. 그중에는 그런 관계를 깨알처럼 꿰차고 있는 이가 있다. 누구는 어느 지역 출신으로 어느 학교를 나왔는데 누구누구와는 죽고 못 사는 사이인데 누구와는 원수와 다름없이 지낸다는 등 사람 이름만 대면 포털 서비스처럼 동문이나 동향인의 이름을 쏟아낸다. 그는 남은 모르는 신비한 비밀이라도 알고 있는 양 우쭐댄다.

이처럼 공무원과 정치인 그리고 언론인이 지연이나 학연을 매개로 이렇게 저렇게 관계를 맺는다. 지연과 학연은 다른 어떤 인연보다 끈질기고 지속적이다. 이전에 아무런 교류가 없음에도 고향이나 학교가 같다는 이유만으로 잠깐 사이에 피를 나눈 것처럼 끈끈한 사이가 된다. 한국사회의 아이러니 중 하나다. 그런데 지역사회는 물론 중앙무대에서도 상당한 영향력을 지니는 이 세 그룹은 마치 자석처럼 서로를 끌어당긴다. 뭉치는 것만으로도 상당한 영향력을 가질 수밖에 없다. 어마어마하게 쌓아올린 영향력은 십중팔구 불온하게 행사되곤 한다. 하지만 막상 이들은 죄의식은커녕 '다른 이들도 하는데 우리라고 왜 못하냐.'거나 '가만히 있으면 우리만 바보 된다.'고 대수롭지 않게 여긴다.

관피아 또는 클랜

공무원의 공직 경험을 통해 쌓은 지식과 노하우는 분명 민간부문에 유용한 측면이 있다. 다만 이것이 가능하기 위한 조건이 있다. 공무원이 시대의 흐름을 파악하고 어떤 분야의 전문성을 쌓아야 한다. 그들이 가진 독점적인 권한에 기대 민간영역을 통제하거나 관리하는 행태와는 거리가 멀다. 아무리 성실한 공무원이라고 하더라도 시대의 흐름에 게으르다면 민간에 도움이 될 리 없다. 공직의 진지하고도 도전적인 수행이야말로 사회 발전에 기여할 수 있는 자산이다.

공무원이 2~3년 먼저 퇴직하고 산하기관에 가는 것은 땅 짚고 헤엄치기다. 공무원은 중앙부처나 도청, 시청에서 수십 년을 근무하다가 조금 일찍 명예퇴직을 한 후 산하기관에 재취업한다. 그런데 산하기관은 이들 기관의 관리 감독을 받는다. 관리 감독 부서의 공무원은 이들의 아는 후배일 가능성이 매우 높다. 얼마 전까지만 해도 모시고 일하던 선배 공직자를 후배 공직자가 제대로 관리 감독할 수 있을까. 한국처럼 '형님 동생 문화'가 고질적인 사회에서 공과 사가 엄밀하게 분리될 수 있을까. 제대로 관리감독을 할라치면 오히려 선배도 몰라보는 건방진 후배로 낙인찍힐 염려가 높다. 공직 후배들도 이를 지켜보면서 자연스럽게 배운다. 공무원이 명예퇴직 후 산하기관으로 가는 일은 일종의 전관예우로 적당히 눈감아줘야 하는 일이 된다.

세월호 참사 이후 관피아[138]에 대한 비판이 일면서 공무원이 산하기관에 가는 일을 제한하고 있다. 하지만 막상 공무원들의 생각은 크게 바뀌지 않았다. 산하기관으로 낙하산을 타고 내려가는 일을 당연한 것으로 생각할뿐더러 인사적체 해소의 효과적 수단으로 여긴다.

---

138) 관료와 마피아의 합성어로 고위 공무원이 퇴직 후 유관 기관에 재취업해 일단의 세력을 형성하고 공평하지 못한 업무 처리를 초래하는 것을 이르는 말이다. 예로 모피아(기획재정부 MOSF+마피아), 금피아(금융 마피아), 교피아(교육 마피아), 철피아(철도 마피아), 해피아(해양 마피아) 등이 있다.

관피아를 제한하는 법 규정[139]이 허술해 빈틈이 많고 우회할 수 있는 방법이 존재한다. 공직사회는 이런 규정을 맞교환, 취업제한 기관 제외 등으로 무력화한다. 업무 관련성을 회피하기 위해 그쪽에서 우리 쪽의 A를 그쪽의 산하기관에 받아주면 우리 쪽에서 그쪽의 B를 우리 쪽의 산하기관에 받아주는 식으로 거래를 한다. 인사혁신처는 관련법에 따라 매년 퇴직공무원이 재취업할 때 심사를 받아야 하는 '취업제한기관'을 지정 고시한다. 그러나 사실상 산하기관임에도 '취업제한기관'에 포함되지 않아 논란이 인다.[140]

고위 공무원이 산하기관에 가는 일을 놓고 공직사회의 인사적체가 심해 불가피하다는 주장이 있다. 그러나 이는 근거가 충분치 않다. 생각해보라. 도대체 인사적체 없는 조직이 있을까. 신생 조직이면 모를까. 설사 신생조직이라도 몇 년 흐르면 어느새 인사적체에 빠지기 일쑤다. 인사적체는 모든 조직의 공통된 현상으로 봐야 한다. 공직사회만 심한 건 아니다. 직원들의 승진하려는 욕구는 강한데 고위직 자리

---

139) 공직자윤리법(제17조, 2014.12.30.일 개정)에는 공무원이 퇴직일로부터 3년간 퇴직 전 5년 동안 부서(3급 이하 공무원) 또는 기관(2급 이상 공무원)의 업무와 밀접한 관련이 있는 기업이나 대학, 병원 등 비영리법인에 취업할 수 없으며 다만 공직자윤리위원회의 승인을 받은 경우에는 그러하지 않는다고 규정하고 있다.

140) 경인일보, "도 산하기관 '취업제한' 제외…… '관피아' 눈 가리고 아웅하나", 2017.11.20.

는 상대적으로 적기 때문이다. 따라서 아예 승진 가능성이 막혀 있다면 몰라도 승진 기회가 많지 않다는 이유만으로 특별히 배려해야 한다는 논리는 설득력이 약하다.

공직사회의 인사적체는 다른 조직의 그것에 비해 특별히 심각한 문제가 되는가. 공직이어서 동기부여가 되지 않으면 시민들만 피해를 보는가. 몇 가지만 봐도 그렇지 않다. 공무원은 사실상 정년을 보장받고 있다. [141] 이 점은 수많은 젊은이들을 공직에 도전하게 만드는 결정적 요소이다. 큰 잘못이 없으면 60세까지 일할 수 있는 직장이 얼마나 있을까. 경찰이나 군인과 달리 계급정년도 없다. 성과가 미흡하면 한직으로 밀려날 수는 있어도 책상을 치워야 하는 일은 없다. 자리가 부족하면 '인공위성 공무원'을 만드는 기술도 존재한다.

공무원 중에는 제때에 승진하지 못해 6급이나 5급으로 20년 가까이 근무하는 이가 있다. 예를 들면 자녀가 초등학교에 들어갈 때에도 6급이었는데 대학교를 졸업할 때가 다 되도록 그대로 6급인 경우다. 언뜻 인사적체가 심한 것으로 보인다. 그러나 속사정은 다르다. 직렬

---

141) 공무원의 정년은 다른 법률에 특별한 규정이 있는 경우를 제외하고는 60세로 한다.(국가공무원법 제74조)

간의 상위직급 자리가 불균형하기 때문인 경우가 많다. 행정직에는 사무관 자리가 수십 개인데 통신기술직, 수산직, 선박직 같은 소수직렬에는 사무관자리가 아예 없거나 1~2개 밖에 없어서 벌어지는 일이다. 또 당사자가 고문관처럼 조직에 기여하는 바가 없는 경우도 있다.

공무원 월급을 놓고 박봉이니 아니니 논란이 있지만[142] 전체적인 근무 여건과 처우를 고려하면 결코 나쁘지 않다. 출산을 하면 3년 동안 육아휴직을 낼 수 있다. 부부공무원은 최대 6년까지 가능하다. 민간 기업과 달리 육아휴직을 신청하는 데 눈치 보지 않아도 된다. 몸이 아프거나 아이들 육아 때문에 힘든 공무원은 한직으로 돌려주기도 한다. 직급도 9단계로 촘촘히 설계되어 있어 승진 기회가 많은 편이다. 또한 같은 직급의 자리라고 하더라도 높고 낮음이 있어서 승진 없이도 승진에 버금가는 기쁨을 누릴 수 있다. 중앙부처 공무원 중에는 1년 이상의 해외 파견이나 교육의 기회를 3번씩이나 갖는 이들도 드물지 않다. 사기업에 비해 근무 강도, 승진 기회, 교육 기회 등 근무 여건에서 뒤지지 않는다. 사기업에서 근무하다 그만두고 시험을 쳐

---

142) 인사혁신처는 2017년 공무원 전체의 월평균소득액이 510만 원(세전)이며, 9급 1호봉의 월급은 139만 5000원으로 최저임금 월 환산액인 135만 2000원보다 4만 원 정도 많은 수준이라고 밝혔다.(2017. 4. 25)

공무원이 된 직원들이 있다. 이들이 굳이 공직을 택한 이유는 사기업에 비해 월급은 낮아도 근무 강도가 약한 편이고 출산, 육아, 교육 등 복지제도가 양호하기 때문이다.

이처럼 공직사회의 인사적체는 특유한 현상도 특별히 고려해야 할 사안도 아니다. 따라서 이를 낙하산으로 해결하려는 시도는 무리하다. 단순하게 말하면 자신들의 승진 욕구를 채우기 위해 이상한 관행을 만든 것이다. 더 빨리 승진하려다 보니 자리가 부족하게 된 것이다. 결국 내 자리가 부족하니 남의 자리를 넘보는 일과 다르지 않다. 이런 관행이 지속되면 공무원은 결코 좋은 이미지를 가질 수 없다. 고통이 따르더라도 승진 소요 기간을 늘리고 정년까지 근무하는 관행을 정착시켜야 한다. 물론 민간 전문가보다 낙하산을 타고 간 퇴직 공무원이 더 잘할 수도 있다. 또한 정치인보다 차라리 공무원이 가는 게 낫다는 주장도 있다. [143] 그렇다고 낙하산 관행이 정당화되는 건 아니다. 보장된 정년을 마다하고 굳이 산하기관으로 가는 이유가 떳떳하지 못하다. 민간 전문가와 공정하게 겨뤄갈 때에만 정당화될 수 있다.

---

143) 조선일보, 2018.5.26. 낙하산에는 특낙(특전사 낙하산), 불낙(불시착 낙하산), 생낙(생계형 낙하산)이 있다고 한다. 특낙은 정권의 특별한 임무를 띠고 내려온 낙하산을, 불낙은 보은 인사 차원에서 이뤄진 엉뚱한 낙하산을 말한다.

예를 들어 4년 만에 승진하던 것을 5년에 승진하면 된다. 당장 일할 맛이 나지 않는다고 하겠지만 생각해보라. 원래 4년 만에 승진하는 일이 당연한 것은 아니다. 1년은 조기 명퇴에 이은 낙하산 인사로 얻은 지대[144)]에 불과하다. 노력하지 않고 얻은 이득이기 때문이다. 공무원에게는 계급정년이 없어서 4년에 못하고 5, 6년이 걸린다고 퇴출당하지 않는다. 기대수준을 낮추면 된다. 물론 4년이면 승진해오던 관례 탓으로 1, 2년을 더 기다리는 일은 쉽지 않다. 그러나 한 번 그렇게 양보_{조정}가 시작되면 오래지 않아 새로운 관행으로 자리 잡을 것이다.

선배 공직자로서 후배들을 위한답시고 미리 옷 벗고 산하기간에 갈 생각 하지 말고 정년까지 근무하고 명예롭게 공직을 마치는 게 맞다. 처음이 힘들지 일단 시작만 하면 새로운 문화_임가 뿌리내릴 수 있다. 공무원들이 갖게 될 불만은 월급 인상이 어렵다면_{복지예산 증가, 평균수명 증가, 경제성장률 둔화, 출산율 격감 등으로 월급 인상은 점점 어려울 것이 확실하다} 근무 여건의 개선으로 방향을 잡으면 된다. 아직도 공무원 자신들의 의전과 문화 탓에 조직 내부에는 굳이 하지 않아도 될 일들이 켜켜이 쌓여있다. 이런 일들을 과감하게 줄여 '칼퇴'할 수 있도록 하는 한편, 순환 보직제

---

144) 일반적으로 토지소유자가 그 토지의 사용자로부터 받는 대가를 말하며 최근에는 평균이윤을 초과하는 잉여가치 또는 불로소득의 의미로 주로 쓰인다.

를 보완해 전문성을 높임으로써 직장에 대한 자긍심을 가질 수 있도록 해야 한다. 공무원 스스로 민간부문이 탐낼만한 전문성이나 경험을 쌓아 퇴직 후에 산하기관이 아니라 민간부문에 재취업하는 게 떳떳하고 보기에도 좋다.

관피아는 클랜의 일종이다. 그들만의 리그다. 국민이나 시민의 편익과는 아무 상관도 없다. 오로지 자신들의 이익을 위해 서로 결속을 재촉한다. 고인 물이 썩듯 부패를 피할 수 없다. 그런데 부패는 울타리 탓에 잘 보이지 않는다. 그래서 더 위험하다.

이념은 아주 공공연한 반면에 클랜은 은밀하고 비밀스럽다. 이념이 날카로운 송곳이라면, 클랜은 끈적끈적하게 휘감기는 한여름 밤의 습기다. 이념은 바꿀 수 있지만, 클랜은 배반하기 쉽지 않다. 클랜은 이념보다 강할 뿐만 아니라 부처 이기주의보다 더 은밀하고 광범위하다. 그러나 사람들은 이념에 대해서는 과다하게 관심을 보여도 클랜에 대해서는 지나칠 정도로 무관심하다. [145]

클랜은 아무런 명분도 정의도 갖고 있지 못하다. 한밤의 수상쩍은

---

145) 『국가의 사기』, pp.134~137.

술자리에 뿌리를 내리고 사람들의 무관심을 먹고 큰다. 우리 시대의
진정한 괴물로 등극하기에 부족함이 없다.

복도통신에서 음모론까지

"소문이 소문을 낳고, 그 소문이 이상한 소문을 낳고, 이상한 소문
은 괴상한 소문을 낳고, 괴상한 소문은 해괴한 소문을, 해괴한 소문은
기절초풍할 소문을, 기절초풍할 소문은 포복절도할 소문을 사방에 퍼
뜨린다."[146)

복도통신이라는 게 있다. 직원들 입을 통해 만들어지고 전해지는
소문이다. 공식적인 소식은 비교적 간단하고 맥락이 생략되어 있어서
사람들의 궁금증을 제대로 풀어주지 못한다. 소문은 사람들의 끝날
줄 모르는 호기심이나 관음증을 자양분으로 삼는다. 공식적 소식이
돌기 전에 생성되기도 하고 그 후에 본문에 대한 주석처럼 따라붙기
도 한다. 소문은 사람들이 모여 있는 곳이면 어디든 있다. 그런데 대
개 출처가 확인되지 않는다. 소문은 유기체 같다. 일단 생성되면 스스
로 생명력을 갖는다. 끊임없이 변신하며 여러 입을 거칠수록 내용이
험해지고 마치 사실인 것처럼 굳어진다.

---

146) 백영옥, 『스타일』, 예담, 2008, p.145.

소문은 어떤 사람이 우연하게 얻은 정보의 조각에 임의로 내용을 보태 만들어진다. 또는 뭔가를 간절히 원하는 사람이 가상의 정보를 꾸미면서 시작된다. 소문을 전해들은 사람 또한 자신의 입장에서 이를 해석하거나 전달함으로써 내용을 변형시킨다. 예를 들어 자신에게 유리한 소문은 더 부풀려 적극적으로 퍼뜨리는 반면 자신에게 불리한 소문에는 소극적이거나 왜곡을 마다 않는다. 특히 인사철이나 선거철이 다가오면 온갖 소문들이 범람한다. 모 국회의원이 고향이 같은 모 과장을 민다거나 모 과장이 모 시장 후보자에게 줄을 섰다거나 모 국장이 공천을 약속받아 곧 명퇴하고 출마할 것이라는 등 확인되지 않은 소문들이 두서없이 출몰한다. 미로처럼 이어지는 사무실 복도를 유령처럼 떠다닌다.

그런데 소문은 극단으로 치우쳐 음모론이 되기도 한다. 적은 자리를 놓고 많은 사람들이 경쟁하는 조직의 속성상 자신의 경쟁상대에게 불리하거나 치명적인 타격을 줄 수 있는 소문이 돌기를 은근히 바란다. '모 팀장이 중병에 걸린 사실을 숨기고 있다가 이번에 인사부서에 들켜 승진에서 제외될 것'이라거나 '의회 의장이 평소 자신에게 고분고분하지 않은 과장을 시장에게 한직으로 보내라고 강력하게 요구했다.'거나 '모 팀장이 지인의 힘을 빌어서 기관장의 골치 아픈 문제를 해결해줘 이번 인사에 승진 1순위가 되었는데 미리 소문을 내는 바람에 대상자에서 제외되었다.'는 등 제법 그럴듯한 소문들이 돈다.

음모론은 권력 유지나 획득을 목적으로 어떤 사건이나 사고의 원인을 음모에서 찾고자 한다. "음모론은 강자의 지배를 위한 도구이기도 하지만 권력의 변화를 이끌어낼 수 있는 '약자의 무기'이기도 하다."[147] 기댈 언덕이라곤 없는 사람 입장에서는 음모론은 자신의 입장을 표출시키는 하나의 장치다. "음모론의 답변은 잘못된 것이지만 그 질문 자체는 일정한 의미를 갖는다."[148] 우리가 관심을 두어야 하는 것은 음모의 내용이 무엇인가가 아니라 왜 음모가 만들어지는가이다.

위계적 공무원 조직은 의외로 소통과 비판에 취약하다. 음모론이 싹틀 만한 토양이다. 계급, 부서, 직렬 등은 일을 효율적으로 처리하기 위한 장치임에도 이를 신처럼 절대시 함으로써 소통과 비판이 설 자리가 없다.[149] '내가 당신보다 계급이 높으니 내가 시키는 대로 하라.'거나 '그것은 우리 부서의 일이니 당신은 상관마라!'는 식이다. 조

---

147) 전상진, 『음모론의 시대』, 문학과지성사, 2014, pp.44~45, 31.
148) 『음모론의 시대』, p.217.
149) 절대적 존재의 수용은 늘 소통을 막아왔다. 일방적인 주종의 관계를 야기하는 탓이다. 이데아(플라톤)가 그랬고, 신(유일 신앙)이 그랬으며, 민족과 이념이 그랬고, 이제는 자본이 그렇다. 이런 측면에서 보면 인류의 역사는 절대자에 대한 저항의 역사다.

직에 내재되어 있는 다차원의 갈등구조도 점화의 재료로 작용한다. 지역 대 지역의 구도, 고시 대 비고시의 구도, 행정직 대 기술직의 구도, 남성 대 여성의 구도 등이 그것이다. 그 결과 비공식적 측면이 비대해지고 소문은 불씨가 되어 쉽게 음모론으로 점화된다.

IV

새로운
영토의 개척

1. 문서를 집어던져라

백文이 불여일견

"정부라는 거북이는 토끼라는 기술을 따라잡지 못한다." [150)]

최근 한 기업이 '보이스 전자 결재 시스템'을 도입했다고 해서 관심을 받고 있다. 기존의 전자 결재는 문서로만 하다 보니 보고자의 의도가 정확히 전달되기 어렵다는 점에 착안한 혁신 사례다. 보이스 전자 결재는 임원으로 하여금 직원이 결재를 올린 이유가 무엇이고 무엇을 결정해야 하는지를 담당 직원의 음성을 통해 쉽게 파악할 수 있게 해준다. 대면 보고하는 번거로움을 줄일 수 있고 간단한 사안은 문서 작성 없이 결재를 받을 수 있다. 담당자가 오로지 문서만으로 만들어 팀장, 과장, 국장 등의 순서로 검토 보고하는 방식과는 차이가 크다. 안면 인식이 되는 5G 스마트폰을 쓰는 사람과 벽돌만한 2G폰을 들고 다니는 사람을 비교할 만하다.

공무원은 문서로 일한다는 말은 철칙일까. 아주 중요한 사항이나 결재가 필요한 사항이 아니라면 굳이 문서가 필요 없다. 하물며 비교

---

150) 유발 하라리, 『호모 데우스』, 김영사, 2017, p.513.

적 단순한 보고나 사실 확인 등에 문서는 생략해도 좋다. 실제로 작성된 문서를 놓고 보면 복잡하거나 중요한 내용을 담고 있는 것은 많지 않다. 눈길 한번 주면 그 내용을 파악할 수 있는 게 대부분이다. 문서의 의미는 사실을 확인하고 근거로써 남긴다는 것인데 음성, 사진 등도 관리만 잘 하면 얼마든지 근거로써 보존할 수 있다.

밖에서 벌어지는 일에 귀 닫고 기존의 관행을 고집한다면 공무원은 늘 시간에 쫓길 수밖에 없다. 일이 너무 많다고 불평을 털어놓으며 인력을 늘려달라고 반복적으로 요구할 것이다. 문서 생산량 증가, 일 처리 과정의 복잡화, 예산 낭비, 불필요한 업무의 누적 등 공무원 사회 내부의 엔트로피는 계속 늘 것이다. 결국 외부로부터의 강제적인 변화 요구에 직면하게 될 공산이 크다. 민간이나 시장에서 이뤄지는 혁신은 행정과는 상관없는 일이라고 여기는 한 행정이 국민으로부터 신뢰를 얻기는 불가능하다. 행정은 다르다는 주장이 변화를 외면하고 자신을 합리화하기 위한 말이 되어서는 안 된다. 변하지 않는 사회는 없으며 행정 또한 변해야 산다.

음성파일뿐만 아니라 영상파일, 스마트폰이나 태블릿으로 기록한 메모도 인정할 만하다. 반드시 문서의 양식을 가져야 한다는 주장은 내용보다 형식에 집착하는 일이다. 음성이나 영상, 온라인 메모 등 다양한 양식을 인정하는 일은 행정의 안정성을 해치는 것이 아니라 환경의 변화에 따른 유연한 대응이다. 문서만 고집하는 일이야말로 변화에 눈감은 고집불통의 행정이다. 이는 전자가 원자핵 주위를 일정한 궤도로 안정적으로 돈다는 근대 물리학의 주장을 그럴듯하다고 여긴 나머지 전자가 미친 듯이 핵 주위를 오간다는 현대 양자역학 이론을 무시하는 일과 같다.

내연기관은 엔진을 가열하는 특성상 열역학의 법칙에서 벗어날 수 없다. 휘발유의 에너지 효율은 25~30%에 불과하다. 에너지 전환비율을 높이기 위해서는 엔진 온도를 더 높여야 하는 딜레마에 빠진다. 19세기 후반에 등장한 내연기관의 에너지 효율은 100년이 넘는 기간 동안 수많은 개선에도 불구하고 크게 나아진 게 없다. 이것이 내연기관의 내재적 한계다. 반면 전기 자동차의 에너지 전환 효율은 99.99%에 이른다. [151]

기존의 틀을 벗어나지 못하면 아무리 노력을 기울여도 한계치를 벗어나기 힘들다. 전기자동차처럼 기존과는 완전히 다른 방식을 채택할 때 획기적 개선이 가능하다. 행정이라고 늘 안정성 유지에만 초점을

---

151) 토니 세바, 『에너지 혁명 2030』, 교보문고, 2015, pp.182~183.

맞춰야 하는 것은 아니다. 그러다가는 점진주의의 함정에 빠진다. 언제까지 제자리 뛰기만 할 것인가. '퀀텀점프Quantum Jump'가 필요할 때도 있다. 익숙한 것과의 이별은 좀 당황스러운 일이지만 신천지로의 진입이라는 보상을 안겨준다. 정부라는 거북이는 기술이라는 토끼를 따라잡지 못한다고 토끼가 내놓은 길만 따라갈 수는 없는 노릇이다. 발로 따라잡지 못한다면 드론을 띄워 토끼가 가는 길을 미리 예상할 수 있지 않을까.

현장에 단서가 있다

'현장에 답이 있다.'는 말이 있다. 어디서나 강조되는 말이다. 서류를 보고 아는 것과 현장에 가서 알게 되는 것과는 크게 다르기 때문이다. 서류는 어디까지나 가공품이다. 아무리 현장을 잘 반영한다고 해도 허점이나 왜곡이 없을 수 없다. 가공품에는 뭔가가 들어 있다. 그럴듯하게 보이기 위해서다. 반면에 현장은 날것이다. 있는 게 다여서 탈 날 일이 적다.

서류의 내용을 읽고 아는 것은 우리의 일반적인 생각과는 달리 여러 가지 한계를 내포한다. 우선 문자 자체가 갖는 한계가 있다. 깔끔하게 정리된 서류로 현장의 분위기와 상황을 그대로 옮기는 것은 사실상 불가능하다. 차분한 가운데도 열기가 만만치 않은 분위기였는지

은근히 살벌한 분위기였는지를 알기 어렵다. 큰 의미를 가질 수 있는 현장 주민의 생생한 말 한 마디도 문자화되면서 건조한 의미로 변질되곤 한다. 둘째로 보고자의 의도가 개입되어 현실이 왜곡되기도 한다. 성과를 과장하고 문제점을 축소하려는 의도를 가진 직원이 작성한 문서라면 액면 그대로 믿기 어렵다. 행간이나 글자에 숨어있는 의도를 알아채기란 쉬운 일이 아니다. 마지막으로, 역설적으로 서류는 생명력이 길지 못하다. 현장에 나가면 그 상황이 사진을 찍듯 뇌리에 남는다. 현장에서 주민들의 이야기를 듣거나 어떤 상황을 목격하게 되면 그 이미지가 각인되어 두고두고 남는다. 하지만 서류는 그 건조함 또는 숨은 의도 탓에 머릿속에 뿌리를 내리지 못한다.

그러나 공무원들은 바쁘다. 문서 만드느라 보고하느라 회의하느라 의전 챙기느라 바쁘다. 현장에 나갈 시간이 부족하다. 현장에 나가야 한다고 생각하면서도 이를 실천하지 못한다. 그렇다고 주말마다 현장으로 달려가긴 어렵다. 방법은 있다. 문서를 덜 만들고 보고 시간과 회의 시간을 줄이고 의전을 최소화하면 된다. 그런데 이는 상급자와 하급자 모두가 노력해야 가능하다. 특히 상급자의 솔선수범이 중요하다. 하급자가 아무리 노력해도 상급자가 툭하면 회의를 소집하고 건건이 문서를 요구하면 성과를 거둘 수 없다. 하급자였을 때에는 과도한 문서 작성, 잦은 회의, 과잉 의전에 염증을 느끼다가도 본인이 막상 상급자가 되면 기존 관행을 고집한다. 기존대로 하면 상급자는 편하다. 밑에서 알아서 다 해오기 때문이다. 그래서 잘 안 바뀐다. 국민이나 주민이 공무원에게 현장을 몰라도 너무 모른다고 쓴 소리를 해도 바뀌지 않는 이유다.

기초자치단체인 시청과 군청보다는 광역자치단체인 도청이나 광역시청, 도청이나 광역시청보다는 중앙부처가 문서에 집착하는 경향이 강하다. 중앙부처의 문서를 보면 내용을 떠나 문서 자체의 완성도가 높다. 줄과 칸, 글자의 크기, 글씨체와 기호 등을 딱딱 맞춰 깔끔하게 작성된 문서를 보면 공무원이 대단하다는 생각이 들다가도 그런 문서를 만드는 데 얼마나 많은 시간을 썼을까 헤아려보면 안타까움도 동시에 드는 것이 사실이다. 중요한 것은 문서의 완성도가 아니다. 현장에 대해 얼마나 제대로 파악하고 주민들이 수긍할 만한 실질적인 대책이 들어 있느냐 하는 것이다. 줄이나 칸의 간격이 일정하지 않고 글자 크기가 뒤죽박죽이더라도 그런 고민을 담고 있다면 그 문서가 100배는 더 나은 것이다.

공무원은 수시로 교육훈련을 받는다. 처음 공무원을 시작할 때부터 시작해 해마다 직무나 기본 소양 등에 관한 교육훈련을 받는다. 정해진 교육시간을 이수해야 승진할 수 있는 자격이 주어질 만큼 교육훈련이 강조된다. 승진후보자 명부의 최상위권에 있는 직원이 어처구니 없게 교육시간을 이수하지 못해 승진에서 제외되는 경우도 드물게 있다. 그런데 교육의 빈도보다는 내용이 문제다. 집합교육이나 강의실에서 하는 교육이 너무 많다. 현장을 방문하는 프로그램은 구색 맞추기 같은 느낌이 들 정도로 적은 데다가 평온하거나 안정된 현장 위주로 짜여 있어 그 효과가 적다. 통제되지 않은 현장을 체험해야 의미가 있는데 수십 명이 예약하고 우르르 몰려가는 모습이 일반적이다. 현장을 확인하는 정도의 의미에 머무른다. 게다가 교육 프로그램이 경력개발 차원에서 체계적으로 관리되지 못하고 있어 업무 이외의 덤이나 잠깐의 휴식으로 치부되고 있는 실정이다.

행정이 이뤄지는 끝단의 현장을 체험하는 교육프로그램이 필요하다. 출근 전 또는 퇴근 후 주정차를 단속하는 체험을 한다든가, 체납자의 차량 번호판을 영치하는 체험을 한다든가, 요식업소의 영업이 한창인 밤 깊은 시간에 불법 옥외광고물을 단속하는 체험을 하다든가, 새벽에 쓰레기를 수거하는 차량을 뒤쫓아 가며 청소를 해본다든가 등. 주민들의 삶 한가운데에서 현장을 체험하는 일만큼 공무원임을 느끼게 해주는 일도 드물다. 아침에 출근하려고 하는데 자신의 자동차 앞 유리에 노란색 주차위반딱지가 붙어 있는 것을 발견하고 주차단속요원에게 욕설을 퍼붓는 주민과 부딪혀보면 행정이 주민의 삶에 어떻게 영향을 주는지를 생생하게 이해할 수 있게 된다. 횟집 앞에 있는 에어라이트라는 불법옥외광고물을 단속하다가 사시미 칼을 들고 뛰쳐나온 주인으로부터 멱살을 잡힌다면 오히려 행운이다. 그 당시는 당황스럽기 짝이 없지만 그의 억센 팔과 거친 말에서 전해지는 절실한 삶의 느낌은 돈 주고도 살 수 없는 것이다. 공직에 있는 자라면 가슴속에 품어야 할 삶의 현장이다. 백문百文이 불여일견不如一見이다.

도시락 배달, 골목까지 나와 인사하는 할아버지

지역사회복지관에 근무하는 사회복지사와 함께 도시락 배달에 나섰다. 전날만 해도 물러났던 추위가 다시 맹렬하게 달려들었다. 대상자인 독거노인들은 하나같이 다세대주택의 반지하 아니면 1층에 산다. 담당 직원은 단순히 도시락만 전하는 게 아니라 그분들의 안부를 묻고 잠깐이지만 대화를 시도한다. 노인들의 손자뻘 정도 되는 젊은 직원은 그분들에게 적지 않은 위로가 되는 것처럼 보인다. 독거노인은 대개 건강이 좋지 않다. 어떤 분은 병원 치료를 위해 집을 나가면서 문고리에 도시락을 넣을 수 있는 가방을 매달아두기도 한다. 청력이 나빠져 노크를 해도 잘 듣지 못한다. 한참을 지나 문이 열리면 그와 동시에 방 안의 냄새가 훅 끼쳐 온다. 음식 냄새, 화장실 냄새, 이불 냄새 등이 섞여 있는 표현하기 어려운 냄새였다. 방은 환기가 잘

되지 않은 데다 밖이 춥다 보니 문을 꼭꼭 닫아놓은 탓에 냄새가 많이 난다. 반갑게 맞아주는 분들이 훨씬 많지만 무뚝뚝한 표정으로 도시락을 받자마자 바로 문을 닫아버리는 분들도 있다. 한 할머니는 고맙다며 귤 하나를 손에 쥐어주셨다. 그분은 늘 뭔가를 주시려고 한다. 한 할아버지는 집 안에서 기다리지 않고 골목 바깥으로 나와 차를 기다렸다. 근처에서 다른 분에게 도시락을 갖다드리고 차를 출발시킬 때까지 집으로 가지 않고 기다렸다가 고맙다며 허리를 숙였다. 사회복지사는 할아버지가 늘 그렇게 한다고 말했다.

차 안에서 들은 얘기로는 한 할아버지가 명절 직전에 '이번 명절에는 나를 보지 못할 거야.'라고 문자를 보내와 비상이 걸린 적이 있다. 직원들이 급히 집으로 가보니 할아버지가 약을 과다 복용한 채 쓰러져 있었다고 한다. 다행히 병원으로 옮겨 생명을 구했지만 긴박한 순간이었다. 그런데 알콜 중독자였던 할아버지는 몇 년간 치료를 받은 끝에 술을 끊을 수 있었다. 그때 자식을 찾았지만 외면을 당하는 바람에 다시 술을 마시게 되었고 결국 자살까지 시도하게 된 것이었다. 그런 소동이 있고난 후 할아버지는 한 달에 1만 원씩 기부하기 시작했다. 기초생활수급자인 할아버지에게 1만 원은 적은 돈이 아니다. 기본적인 지출을 제외하면 쓸 돈은 얼마 남지 않게 되기 때문이다.

주정차단속, '4만 원 어치의 욕설'

아침 7시부터 일은 시작되었다. 단독주택이 밀집해 있거나 초등학교가 있는 취약지역 위주로 단속이 이뤄졌다. 2인1조로 팀을 이뤘다. 업무 차량을 타고 가다가 단속할 차량을 발견하면 차를 세우고 딱지를 발급한다. 횡단보도에 주차된 차량, 도로 코너에 주차된 차량, 이중 주차된 차량이 주요 타깃이었다. 한 사람이 소지하는 단말기를 통해 차량 번호를 확인하면 다른 사람이 단말기에서 출력되는 딱지를 차량 앞면 와이퍼에 끼워 넣는다. 일은 신속하게 이뤄진다. 현장에서 차량 주인과 충돌하면 그날 작업에 지장을 받기 때문이다. 그러나 딱지를 끊긴 차량 주인은 나중에라도 사무실을 찾아오거나 전화로 항의를 하는 경우가 적지 않다고 한다. 아침에 출근하려고 나왔는데 자신의 차량에 딱지가 붙어 있다면 좋아할 사람은 없다. "에이, 재수 없어. 아침부터 딱지 끊고 지랄이야."라는 말이 절로 나올 만하다.

그런데 주차단속원의 말이 신기하다. "4만 원 어치 욕만 들어줘요. 만일 4만 원 어치 욕을 넘었다고 생각되면 말을 끊든가 모르는 척 해요." 사실 주차단속원 입장에서 정당한 단속을 했어도 미안한 마음이 들지 않는 것은 아니다. 입장을 바꿔 생각해도 기분이 나쁠 수밖에 없다. '불법주정차는 많은데 하필이면 내 차에 딱지를 끊었느냐.', '근처에 주차장이 없는데 어떻게 하란 말이냐.'라며 불만을 토로한다. 그것도 바쁜 출근길에는 더욱 그렇다. 그런 마음을 알기에 단속된 차량 주인의 험담이나 욕설을 들어주는 것이다. 딱지를 취소할 수는 없지만 욕설을 들어주는 것만으로도 차량 주인의 마음을 누그러뜨릴 수 있기 때문이다. 그러나 욕설이나 험담이 지나치면 뭔가 대책이 필요하다. 공무에 종사하는 주차단속원도 사람이다. [152] 여기에서 나온 대응이 4만 원 어치 욕만 들어주는 것이다. 이를 두고 비난하기 어렵다. 오히려 민원인의 마음을 헤아리면서도 공무를 안정적으로 집행하기 위한 것이다. 이는 오랜 경험과 고민에서 나온 절묘한 지혜다. 공무원이라면 이러한 경지를 배울 필요가 있다. 역시 현장에는 뭔가가 있다.

사례관리, 숨어있는 사람 찾기

동 주민행복센터에서 차를 타고 10분쯤 갔다. 차는 야산 초입에 멈춰 섰다. 더 이상 포장되어 있지 않아 좁은 흙길을 걸어가야 했다. 준비한 쌀과 먹거리 등을 나눠 들었다. 몇 분인가 걸어 올라가니 산 중턱에 컨테이너박스가 보였다. 컨테이너박스는 혼자 덩그러니 놓여 있었다. 문을 열고 들어가니 나이가 드신 남자분이 반갑게 맞아주셨다. 컨테이너박스 안에는 온갖 잡동사니들이 가득했고 안쪽에는 색이 바

---

152) 이들은 공무원 신분은 아니지만 공무에 종사하기 때문에 '공무직'이라고 부른다. 공무직에는 도로보수원, 하수준설원, 환경미화원, 상담원 등이 있다.

랜 침대가 보였다. 건강이 나빠 보였는데도 얼굴은 온화한 편이었다. 사회복지사 직원이 병원 가는 날, 먹을 약, 상담 시간 등 이것저것 알려드렸다. 그때마다 남자 분은 고분고분 고개를 끄덕였다. 얘기가 끝나나 싶더니 직원이 좀 큰 소리로 말했다. "선생님! 술 드시고 전화하지 마세요. 진짜요. 의사 선생님이 술 드시면 안 된다고 했잖아요. 약속 지키시기로 했죠. 네?" 남자 분은 모기소리만 하게 "네."라고 대답했다. 내가 "그렇게 안 하실 것 같은데."라고 하자 직원은 "이렇게 얌전하셔도 술만 드시면 제게 전화를 걸어서 계속 이야기를 하세요. 제가 전화 받느라 일하기가 어려워요." 직원은 다시 한 번 다짐을 받았다. "약속하시는 거예요?" 남자 분은 좀 더 크게 "네."했다.

그는 생각보다 나이가 많지 않았다. 건강이 나빠 나이보다 늙어보였던 것이다. 그것보다 더 안타까운 것은 다시 일을 해보겠다는 생각이 없다는 점이었다. 몸이 안 좋아 다시 일하기가 쉽지 않은 건 사실이다. 하지만 얼마 전까지 일을 했고 괜찮은 기술도 보유하고 있었다. 본인이 노력하면 가능할 법도 한데 그런 의지가 전혀 보이지 않았다. 복지 지원의 궁극적 목적은 자활이다. 다시 일터나 사회로 돌아가게 하는 것이다. 하지만 일단 수급자 신분이 되면 근로의욕을 상실하는 경우가 너무 흔하다고 직원은 어려움을 토로했다. 이는 고스란히 복지 부담으로 이어진다. "도와드리면 뭔가 나아지는 게 있어야 하는

데……."라며 차마 말을 잇지 못하는 직원의 마음을 헤아리기 어렵다.

기초생활수급자 집안 정리

사람이 사는 집이 그렇게 더러울 수 있다는 게 믿기지 않았다. 현관문을 열자마자 지독한 냄새가 코를 찔렀다. 개를 키우는 데 똥오줌을 제대로 치우지 않아 지린내가 진동하고 곳곳에 얼룩이 보였다. 방하나는 온갖 잡동사니가 넘쳐났고 부엌에는 벌레가 기어 다녔다. 화장실은 1960년대의 시골 터미널의 공중화장실만큼이나 지저분했다. 40대로 보이는 주인은 몸이 아파 거실에 비스듬히 누워 있었다. 몸이 아픈 데도 술과 담배를 했다. 담배꽁초가 들어차 있는 소주병들이 거실 여기저기에 굴러다녔다. 주관하는 측에서 미리 사정을 알아보고 평소보다 많은 인원을 투입했다. 대부분 자원봉사 경험이 풍부한 분들이었다. 워낙 손댈 곳이 많다 보니 3시간이 넘어서야 겨우 끝낼 수 있었다. 일을 끝낸 후 그들은 "오늘은 좀 심한 편이네."라며 한숨을 쉬셨다. 그래도 얼굴은 웃고 있었다. 힘들었던 만큼 기쁨도 컸다. 가족은 부부불화, 경제적 궁핍, 심리적 충격, 신체상 질병 등으로 쉽게 무너진다. 탄탄하게 보여도 어이없이 무너진다. 집안의 황폐화는 그것의 단적인 표시다. 단지 게으른 것과는 다르다. 아무리 게을러도 거실의 개 오줌을, 부엌의 벌레를 그대로 두지 않는다. 집안의 황폐화는 보통 사람이 상상하기 어려울 정도로 심각하다. '이건 사람 사는 집이 아니다.'라는 탄식이 나오고 만다. 거기에는 공무원의 개입이 필요하다. 그들이 최소한의 인간다운 생활을 유지할 수 있도록 더 나아가서는 재기할 수 있도록 돕는다. 도움은 물심양면에 이르러야 한다. 그래서 쉽지 않지만 보람으로 연결된다.

쓰레기 수거, 세상에서 가장 쉬운 수고

단독주택 재활용 쓰레기 수거 단독주택이 밀집된 지역에 투입되었다. 골목에는 여기저기 쓰레기들이 나뒹굴고 있었다. 일반 쓰레기와 재활용 쓰레기가 마구 섞여 있어서 재활용 쓰레기를 따로 수거하는 일은 쉽지 않았다. 쓰레기가 어느 곳에 한번 버려지면 같은 곳에 집중적으로 버려진다. 쓰레기가 종량제봉투가 아니더라도 일반 비닐봉투에라도 담겨 있으면 그나마 다행이었지만 대부분은 봉투 없이 버려진다. 쓰레기 더미에서 용케 재활용 쓰레기를 골라내도 이를 분리수거하기 어려웠다. 예를 들어 사이다병에는 담배꽁초가 가득 들어 있거나 테이크아웃 커피 잔에는 마시다 남은 커피가 그대로 들어 있었다. 담배꽁초가 든 사이다병은 포기하고 테이크아웃 커피 잔은 남은 커피를 따라내고 수거하는 수밖에 없었다.

재활용 쓰레기 선별장 세상의 고약한 냄새는 거기에 다 있다. 지린내, 고린내, 구린내, 썩은내, 누린내, 퀴퀴한 냄새, 시궁창 냄새 등. 단독주택 밀집지역에서 수거되는 재활용 쓰레기가 그렇다. 아무 곳에나 마구 버려진 탓에 수거 후에 별도로 선별작업을 벌여야 한다. 말이 재활용 쓰레기지 비닐 봉투 안에는 온갖 것들이 들어 있다. 먹다 남은 음식물은 물론 지저분한 종이 뭉치, 동그랗게 뭉쳐진 머리카락, 부러진 막대기, 살점이 붙어 있는 뼈다귀, 낡아빠진 덜 마른 수건, 미처 다 마시지 못한 맥주병에 들어있는 푹 젖은 담배꽁초 등 정체를 알 수 없는 일반 쓰레기들이 어지럽게 엉켜 있다. 주로 여성들인 인부들이 컨베이어 벨트를 가운데 두고 양쪽으로 늘어서서 종이, 스티로폼, 병, 플라스틱 등을 손으로 일일이 골라낸다. 병은 갈색, 녹색, 투명한 색으로 나눈다. 비닐이 넘쳐나는 탓에 작업은 쉽지 않다. 비닐 더미 속에서 목표물을 재빠르게 집어내야 한다. '아차!' 하는 순간 목표물은 저만치 가버리고 만다. 묶여 있는 비닐 봉투는 찢어서 그 안의 내용물을 끄집어낸다. 시각적으로도 험하지만 냄새가 더욱 문제다. 비닐 봉투 안에서 부패한 쓰레기들이 기다렸다는 듯 일제히 냄새를 발산한다. 물론 봉투를 찢기 전부터 역겨운 냄새가 난다. 냄새는 날이 더워지면 한층 고약해진다. 작업장이 커서 냉방은 엄두도 못 낸다.

쓰레기의 성상은 버릴 수 있는 것은 마음대로 버렸음을 증명한다. 아무런 거리낌도 주저함도 수고로움도 없었음을 짐작케 한다. 인부들의 말에 의하면 고양이 사체도 나온다. 검은 비닐 봉투 속에 들어 있었다. 아무리 이력이 난 인부도 그것을 보면 며칠 동안 밥을 제대로 넘기기 힘들다고 한다. 작업을 시작한지 얼마 되지 않아 후각은 그로기 상태가 된다. 옆에 계신 분이 손을 서너 번 움직일 때 고작 한 번 움직이는 데도 그렇게 서투를 수가 없다. 겨우 두 시간을 했을 뿐인데 몸과 마음이 너덜너덜해진다. 인간의 뒷모습을 본 것 같아 기분이 개운치 않다.

　기이한 점은 아파트와 단독주택 밀집지역의 차이다. 아파트에서는 분리수거가 잘 되는 데 반해 단독주택 밀집지역에서는 많은 단속과 계몽에도 불구하고 여전히 쓰레기가 마구 버려진다. 골목 한 곳에 작은 쓰레기가 한 번 버려지면 얼마 안 가 그곳에 쓰레기가 수북이 쌓인다. 깨진 유리창의 법칙이 작동하는 것일까. 불법 옥외 현수막 철거를 두고 단속하는 시청과 게시하는 업자가 옥신각신하듯 단독주택 밀집지역 쓰레기 처리를 두고 수거하는 자와 버리는 자 사이에 끝없는 숨바꼭질이 벌어진다. 같은 사람이라도 아파트에 살 때와 단독주택에 살 때 쓰레기를 대하는 자세가 달라지는 것일까. 다르다면 이유는 무엇일까. 개인의 심성보다 주변 환경이 더 큰 영향을 미치는 것처럼 보인다.

　쓰레기를 수거해보니 더욱 안타까운 심정이 든다. 쓰레기를 버리는 사람이 조금만 신경 쓰면 되는 일이라 그렇다. 일반 쓰레기와 재활용 쓰레기를 나눠 버려주기만 하면 된다. 손가락 하나 까딱할 정도의 노고일 뿐이다. 그런데도 지켜지지 않는다. 한국 사람은 통이 크기 때문일까. 쓰레기 버리기 같은 일은 사소한 것으로 여기는 것일까. 혹시라도 그렇게 생각한다면 더 없는 착각이 아닐 수 없다. 쓰레기는 방금 전까지 우리에게 자신의 모든 것을 베풀어준 고맙고도 측은한 존재다. '고맙고도 미안하다.'는 말을 밥 먹듯이 주고받는 사람들은 막상 자신에게 모든 것을 준 쓰레기에는 관심조차 주지 않는다. 사람들은 고약하다. 그리고 뭘 모른다.

자료를 확인해보면 인구 70~80만 명 도시의 1년 쓰레기 처리 비용이 자그마치 600~700억 원이나 소요된다. 이것을 우리나라 전체 인구에 대입하면 몇 조 원이라는 천문학적 예산이 소요되는 셈이다. 이 비용에는 환경오염은 고려되지 않은 것이다. 그런데 쓰레기 처리 예산을 물어보면 해당 지자체 공무원조차 100~200억 원 정도 들지 않겠느냐고 답할 정도로 관심이 적다. 심각한 점은 1인당 쓰레기 발생량이 계속 늘고 있다는 것이다. 상품의 온라인 구매가 늘고, 1인 가구가 늘고 있기 때문이라는 주장이다. 그러나 문제는 인식이다. 지난 88년 올림픽 때 국민의식을 개조할 것처럼 난리법석을 떨었지만 30년이나 지난 지금에서 보면 나아진 게 없다. 인식은 그대로 둔 채 이벤트에 집착했던 탓이다.

　이른 아침 도심의 모습은 끔찍하다. 쳐다보기가 민망하다. 시쳇말로 토가 나올 지경이다. 바닥을 수놓듯 깔려 있는 담배꽁초, 여기저기 나뒹구는 테이크아웃 커피 잔에 토사물까지 '이곳이 사람이 사는 곳이 맞나?' 하는 의구심마저 든다. 좋아지기는커녕 더 나빠지고 있는 것 같다. 쓰레기 버리는 일은 절대 사소하지 않다. 예산만 놓고 하는 말이 아니다. 쓰레기는 인류처럼 지구적 자원의 한 형태이며, 저절로 사라지지 않는다는 점에서 끝까지 관심을 가져야 할 존재다. 온정주의는 왜 사람끼리만 적용하는가. 자신을 다 준 쓰레기에게도 적용할수 있지 않을까. 지구니 자연이니 같은 말이 부담스럽다면 내 딸과 아들을 생각하면 된다. 당장 우리 다음 세대는 쓰레기 매립할 곳을 찾지 못해 골머리를 앓을지도 모른다. 늘어만 가는 쓰레기 처리 비용에 복지도 교육도 줄여야 할지 모른다. 게다가 미세먼지는 어떤가. 이제 외출도 자유롭게 못 하는 세상이 되어가고 있다. 인내심 많은 환경이 더 이상은 못 참겠다며 반격에 나선 모양새다. 이른바 환경의 역습이 본격화된 느낌이다.

2. 우물 하나는 파라

알만하면 옮긴다

"어떤가? 어느 쪽이 성공할 가능성이 더 높을까? 한 사람이 여러 직업에 종사할 때일까, 아니면 한 가지 직업에 종사할 때일까?"[153]

소크라테스의 질문에 아데이만토스가 "한 가지 직업에 종사할 때이겠지요."라고 답한다. 이어 소크라테스는 한 사람이 자기 적성에 맞는 한 가지 일을 적기에 할 때 더 좋은 제품이 더 많이 쉽게 생산된다고 주장한다. 지금으로부터 2천4백 년이나 된 이야기다.

공무원의 인사는 순환보직제에 바탕을 두고 있다. 짧게는 1년, 길어야 2년 안팎으로 자리를 옮긴다. 심지어 몇 개월 만에 바뀌는 경우도 있다. 이 정도 기간이면 업무와 관련해 주변 여건에 대한 깊이 있는 연찬이나 균형 잡힌 관점의 획득은 어렵다. 알 만하면 다른 부서로 옮기는 셈이다.

한국 공무원들은 얼마 지나지 않아 그 일과 아무런 관련이 없는 부

---

153) 『국가』, p.109.

서로 옮기곤 한다. 이는 유교적 사고방식에서 비롯되었다. 논어에 '군자불기君子不器'라는 말이 나오는데 군자는 일정한 용도로 쓰이는 그릇과 같은 것이 아니라는 말이다. 과거 한국에서 학자나 관료는 무슨 일을 맡든 해낼 준비가 되어 있어야 한다고 여겨졌다. [154] 그러나 세상은 바뀌어도 한참 바뀌었다. 제너럴리스트가 해낼 일은 많지 않다. 군자도 필요하면 기술자가 되어야 하는 시대가 와 있다.

공무원은 두루두루 여러 가지 업무를 해보는 게 경력 관리에 유리하다고 믿는다. 오히려 한 부서에 오래 머무르면 관리자나 고위직을 수행하기에 적합하지 않다고 본다. 사정이 이렇다 보니 업무에 관한 깊은 애정이나 고민이 부족하다. 1년 정도 근무하게 될 것을 예상하는 직원이 해당 업무를 파고들기를 기대하기는 어렵다. 대개는 평상적인 수준의 업무 지식밖에 쌓지 못한다. 관이 주도하고 민이 따라오는 시대에는 이런 게 통할 수 있었다. 그러나 민간의 역량이 관의 그것을 넘어서고 과학기술이 끝을 알 수 없이 발전하는 시대에 진즉 들어섰다는 점을 감안하면 이러한 인사 관행은 문제가 아닐 수 없다. 인사제도의 변화와 개혁이 제대로 이뤄지지 않음으로써 제너럴리스트만 양산하고 있는 실정이다. 전문가다운 공무원을 찾아보기 힘들다는 지적

---

154) 『한국인만 모르는 다른 대한민국』 p.60.

이 끊이지 않는다.

그런데 더 큰 문제는 이런 제도와 관행이 조직 내부의 승진에 대한 요구를 지나치게 크게 만든다는 데 있다. 경제적 보상이 동기부여에 큰 영향을 주지 못한다고 여기는 공무원은 빠른 승진이나 힘 있는 자리로의 이동에 더욱 비중을 둔다. 일 년마다 자리를 옮긴다고 하면 옮길 때마다 조금이라도 더 나은 자리를 찾는다. 동일 직급에도 눈에 보이지 않는 서열이 있다.[155] 외부에서 보면 '거기에서 거기'라고 생각할지 모르지만 공무원들은 그 미묘한 차이를 안다. 어느 자리가 다음에 승진하는 데 더 유리한지 어느 자리가 더 센지 어느 자리가 더 폼이 나는지를 안다. 인사가 발표되면 공무원 간에 '영전을 축하한다.'는 말이 넘친다. 승진이 아닌 자리 이동임에도 더 좋은 자리로 옮겼다는 것을 알기 때문이다. 거꾸로 보면 승진을 제일 중요하게 여기는 공무원이 적성에 맞는 자리보다는 승진하기 유리한 자리로 가기를 원하기에 순환보직제를 채택했는지도 모를 일이다.

---

155) 조선일보, 2018.4.14. 9급 신규 공무원에도 서열이 존재한다고 한다. 법원직 > 일반행정 · 교육행정 · 출입국관리 > 고용노동부 · 병무청 · 우정사업부 > 관세직 · 검찰직 · 세무직 > 보호직 · 철도경찰직 · 사회복지직 > 교정직 · 순경직 · 소방직 순이다.

"그런 이유로 방에 모인 사람들이 이반 일리치의 사망 소식을 듣고 가장 먼저 떠올린 생각은 이 죽음이 가져올 자신과 지인들의 자리 이동이나 승진에 관한 거였다."[156] 집무실에 모인 판사와 검사들은 동료가 죽었는데도 슬픔을 느끼기보다는 동료의 죽음으로 곧 있게 될 인사에 관심을 둔다. 자리 이동과 승진은 공직 생활이 끝나야 비로소 끝날 만큼 공무원에게 최고이자 최대의 관심사다.

다른 한편 인사권자도 승진 자리를 더 많이 확보하고 싶은 유혹에 빠진다. 새로운 부서를 만들기도 하지만 고위직을 조기에 퇴직시켜 승진 자리를 하나라도 더 만들고자 한다. 나가지 않고 버티는 사람이 있으면 무언의 압력을 행사해 결국에는 그만두게 한다. 무언의 압력이란 '후배들을 위해 용퇴하는 게 당연하지 않느냐.'거나 '자신도 선배들이 희생한 덕분에 승진하지 않았느냐.'는 분위기를 조성하는 것을 의미한다. 선배나 상관 앞에서 노골적으로 그런 말을 하지는 못하지만 은연중에 흘린다. 이 과정에서 잡음이 일어나기도 한다. 과도한 수요에 맞춰 무리한 공급이 이뤄진다. 그리고 조기에 퇴직한 공무원에게는 이러저러한 방법을 통해 낙하산을 타고 출자·출연기관으로 가는 식의 보상이 주어진다.

---

156) 톨스토이, 『이반 일리치의 죽음』, 문예출판사, 2016, p.10.

순환보직제는 그 의도와는 무관하게 공무원의 책임을 결정적으로 희석한다. 어떤 사업이든 기획하고 법적으로 규정된 여러 과정을 거치고 예산을 편성하고 확보한 다음 추진하려면 몇 년씩 걸리기 일쑤다. 기획한 공무원이 다르고 설계를 추진한 공무원이 다르고 예산을 편성한 공무원이 다르며 사업을 직접 추진한 공무원이 각각 다르다. 그 사업이 큰 성과를 거두면 관련된 모든 공무원들이 그 과실성과에 대한 평가로 인사고과나 연봉 등을 나눠 갖는다. 물론 현직자가 자기만의 공으로 둔갑시키는 일도 없지 않다. 하지만 문제가 생기면 여러 공무원들에게 조금씩 책임을 분산시킴으로써 결국 결정적으로 책임을 지는 사람이 존재하지 않게 되는 모순이 발생한다. 성과는 있으되 책임은 부재하는 마술 같은 일이 벌어진다. '책임의 실종'이라 부를 만하다.

순환보직제를 부탁해!

전문관 제도를 적극 시행할 필요가 크다. 순환보직제를 없앨 수 없다면 더욱 그렇다. 순환보직제에 빠져 있는 공무원들에게 전문관 제도는 인기가 크지 않지만 인센티브를 줘서라도 확대 시행할 필요가 있다. 전문관 제도를 적용할 만한 분야는 많다. 예술, 체육, 관광은 물론 인구, 보육, 장묘, 자원순환, 하수도, 하천, 개발제한구역 등 어떤 분야든 가능하다. 만화 산업을 육성하기 위해 꾸준히 투자를 해온 한 기초자치단체가 일찌감치 만화 분야의 전문관을 운영함으로써 업무 추진에 큰 진전을 이룬 사례도 있다. 예를 들어 지자체에서는 지역전문가를 키워도 좋다. 관내 특정 동 주민행복센터나 지역과 관련된 역사, 인구 구성, 지역 산업, 발전 과정 등에 대해 해박한 공무원이 있다면 지역주민의 요구에 맞춘 행정서비스 공급이 쉬워질 것이다.

핵심은 시행 중인 전문관 제도를 명실상부하게 만드는 일이다. 지금과 같이 유명무실하게 운영되는 상태에서 숫자만 늘려선 의미가 없다. 당사자가 자발적으로 연찬하도록 유인책을 마련하고 이를 인사에 적극 반영해야 한다. 이들을 최우선으로 배치하면 효과가 날 것이다. 물론 이는 인사의 전반적인 개선과 맞물려 있다. 평판 위주의 인사에서 성과 또는 데이터 중심의 인사로의 큰 전환이 수반되어야 한다. 변화는 넛지처럼 미시적인 방법으로도 가능하지만 관련되는 것들까지 포괄하는 통 큰 관점도 필요하다.

공무원은 이상하게도 인수인계에 취약하다. 그 꾸준함과 꼼꼼함을 떠올리면 불가사의하다. 순환보직제라는 점을 감안하면 인수인계가 더욱 중요할 텐데도 말이다. 그런데 여기에는 약간의 음모가 존재한다. 전임자는 후임자에게 공식적인 업무의 목록은 넘겨도 자신이 업무를 맡으며 알게 된 노하우나 인적 자원 등에 대해서는 인계하지 않는다. 사실 공식적인 업무 목록은 서류를 보면 파악할 수 있는 것으

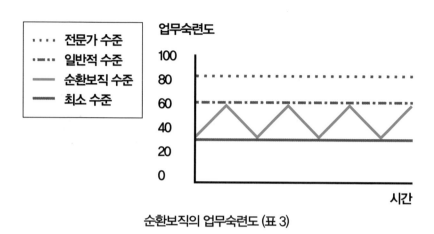

순환보직의 업무숙련도 (표 3)

로 그 이면에 있는 배경이나 노하우, 역사, 인적 요소 등이 함께 인수인계 되어야 함에도 현실은 그렇지 못하다. 후임자는 '맨땅에서' 다시 시작해야 한다. 업무의 맥락과 전후 사정에 정통하려면 또 적지 않은 시간을 투입할 수밖에 없다. 그러다 보면 다른 부서로 이동할 때가 온다. 선수가 여럿이라 계주를 택하면 쉬울 텐데도 굳이 혼자서 달리겠다는 것이다. 한국 공무원들이 자주 방문하는 일본이나 유럽의 기관에서 왜 한국 공무원들은 방문할 때마다 같은 질문을 하느냐고 반문하는 것도 인수인계가 안 되는 탓이다. 누가 시킨 것도 아닌데 커다란 바위를 산꼭대기로 끝없이 밀어 올리는 시지포스처럼 산다.

전임자는 업무를 담당하면서 얻은 것들을 자신의 소유물인 양 여긴다. 후임자와 이를 나눌 생각이 없다. '나도 이것들을 알게 되기까지 얼마나 고생했는데 후임자라고 해서 공짜로 넘겨줄 수는 없다.'고 생각한다. 본전심리가 부실한 인수인계에 한 몫 한다. 인사는 대개 전격적으로 이뤄진다. 수시인사는 말할 것도 없고 정기인사도 비밀의 누설을 막기 위해서이다. 인사 라인의 사람들만 정보를 독점하다가 한 번에 발령을 내기에 전임자나 후임자나 인수인계할 충분한 시간을 갖지 못한다. 인사 발령이 나면 대상자들은 한시라도 빨리 새 부서로 옮겨야 한다는 압박감에 놓인다. 인계는 소홀히 하고 인수에만 신경을 쓴다. 그러나 전임자는 새 부서의 후임자이다. 인계가 없으면 인수도 성립할 수 없다.

"제가 처음으로 소를 잡을 때는 눈에 보이는 것이 온통 소뿐이었습니다. 3년이 지나자 소가 보이지 않게 되었습니다. 지금은 신으로 대할 뿐, 눈으로 보지 않습니다. 감각 기관은 쉬고 신이 원하는 대로 움직입니다." [157)]

백정인 포정은 말 그대로 귀신 같은 솜씨로 소의 뼈와 살을 발라낸다. 보통 백정은 달마다 칼을 바꾸고, 솜씨 좋은 백정은 해마다 칼을 가는데 자신은 19년 동안 소를 잡았어도 칼날은 방금 숫돌에 간 것과

---

157) 『장자』 p.146. 포정해우(庖丁解牛)

같다고 말한다. 포정이 3년이 지나자 더 이상 소가 보이지 않아도 뼈와 살을 발라낸다. 공무원도 어느 정도의 전문성_{주민이 원하는 수준}을 확보하려면 최소 3년은 같은 일을 해야 하지 않을까. 전문관제도를 명실상부하게 운영하면 이런 문제를 크게 줄일 수 있다. 전체 공무원 대비 10% 수준만이라도 전문가급 공무원을 키운다면 공약을 이행하기도, 민원을 해결하기도 한결 수월해질 것이다.

꼭 전문관제도가 아니어도 특정한 분야에 관심을 있는 직원을 발굴하거나 직원마다 최소한 한 개 이상의 특정 분야에 대해 관심을 갖도록 유도하는 방안도 가능하다. 우선 직원과 인사부서가 관심 있는 분야를 협의해 정한다. 인사부서는 직원에게 해당 직원에게 관련 분야의 교육훈련, 해외연수, 연구물 출간 등을 지원하는 프로그램을 가동한다. 그리고 이를 인사기록카드에 기록해 관리하고 인사이동 때 반영한다. 인사에 따른 억측과 소문은 줄어들 것이다.

3. 닥치고 칼퇴!

"유토피아 사람들은 하루 24시간 중 6시간만 일에 할당합니다."[158]

'죽음도 불사할 정도로 여행을 좋아한' 라파엘은 재산을 형제들에게 모두 넘겨주고 4번에 걸친 아메리고 베스푸치의 항해에 모두 동행한다. 그가 우연히 발견하게 된 유토피아 세상에서는 6시간 일하고 8시간 자며 나머지 시간은 지적인 활동에 주력한다. 이것이 가능한 것은 일을 면제 받은 사람이 얼마 되지 않기 때문이다. 지배층과 학자 정도뿐이다. 그래도 생필품이나 물품이 부족하지 않다. 사람들은 빈둥거리며 나태하지도 짐승처럼 혹사당하지도 않는다.

K주무관, 무능의 역설

이런 일이 있었다. K주무관은 딱히 할 업무도 없는데도 저녁 6시가 넘어도 퇴근하지 않고 저녁을 배달시켜 먹고는 사무실에 앉아 있는 습관이 있었다. 어느 날 밤늦게 과장이 급한 일이 생겨 사무실에 들렀는데 마침 K주무관이 남아 있는 것을 보았다. 과장보다 조금 늦게 사무실로 돌아온 업무담당자인 J주무관이 급하게 문서를 만들고

---

158) 토머스 모어, 『유토피아』, 을유문화사, 2017, p.73.

있는 사이 K주무관은 자기 업무도 아니면서 J주무관의 업무에 관심을 표명하고는 커피를 한 잔 타 과장에게 갖다 주었다. J주무관은 K주무관이 자꾸 아는 체를 해서 귀찮았지만 굳이 뭐라 하지 않았다. 과장은 K주무관을 자신의 업무가 아닌 다른 업무에 대해서도 관심이 많은 것으로 간주해 직원들이 다 보는 앞에서 K주무관을 성실한 공무원이라고 치켜세웠다. 그런데 사실 K주무관은 일을 잘하는 직원이 아니었다. 부서 직원 대부분은 이를 알고 있었다. 1시간에 할 일도 2시간, 3시간 걸릴 만큼 일 처리가 느린 데다가 업무의 핵심을 파악하지 못해 팀장으로부터 여러 차례 지적을 당하기도 했다. 그런데도 퇴근 시간 이후에도 사무실을 지키고 주말에도 사무실에 출근한다는 이유로 성실한 직원의 대명사로 인정받은 것이다. 근무평정을 잘 받았음은 물론이다.

평가부서에서도 부서나 직원의 시간 외 근무 시간이나 결재 받은 서류가 얼마나 되는지를 평가 기준으로 삼기도 한다. 평가를 수치화할 수 있는 업무가 많지 않다 보니 그런 현상이 벌어진다. 더군다나 부서장 중에는 직원 누군가가 밤늦게 또는 주말에 사무실에 남아 있는 것을 은근히 바라는 사람들이 있다. 외부에 대해서도 일이 많은 부서 또는 일을 늦도록 하는 부서로 인정받을 수 있고 예기치 못한 일이 벌어지면 신속하게 대응할 수도 있는 장점을 떠올린다.

그러나 이는 큰 착각이다. 시간 외 근무 시간이 많다고, 결재를 많이 받는다고, 보고를 많이 한다고 성과를 내거나 일을 잘하는 것은 아니다. 또 일이 실제로 많은 것도 아니다. 오히려 그 반대인 경우마저 있다. 개인별로 배정된 업무는 근무 시간 내에 집중력을 갖고 처리하면 퇴근 시간 내에 끝낼 수 있도록 설계되어 있다. 한 사람의 몫에 맞는 적정한 업무량을 배정하기 때문이다. 물론 어떤 계기로 업무가 폭주할 때에는 예외다. 근무 시간이 끝났는데도 퇴근하지 않고 사무실에 잔류하는 직원은 정말로 평소와 다르게 업무가 많아졌거나 아니면 일 처리가 느리거나 그것도 아니면 그냥 잔류하는 사람이다. K주무관은 마지막의 경우에 해당한다.

사무실에 늦게까지 남아 시간 외 근무를 하면 좋은 점이 있다. 우선 저녁을 공짜로 먹을 수 있다. 부서마다 저녁 식사를 지원하는 급량비라는 예산이 있다. 또 시간 외 근무 수당을 받을 수 있다. 한 달에 많게는 몇 십만 원에 이른다. [159] 짭짤한 별도의 소득이 생긴다. 봉급이 충분치 못하다고 여기는 공무원은 시간 외 근무 수당을 타기 위해 기술적으로(?) 퇴근을 늦춘다. 오후 7시 30분에 퇴근해도 될 것을 8시까

---

159) 시간외근무수당은 1일 4시간 월 57시간을 초과할 수 없다. 1시간당 시간 외 근무수당액은 9급은 8,117원, 8급은 8,890원, 7급은 10,003원, 6급은 11,074원, 5급은 12,984원이다.

지 기다려 퇴근한다든가, 일을 지나치게 꼼꼼히 한다든가, 낮에는 느슨하게 하다가 퇴근 시간 이후에 집중한다든가 하는 자기만의 테크닉을 구사한다. 이런 이유로 칼퇴를 위해서는 시간 외 근무 수당을 없애야 한다는 주장도 있다. 하지만 실제로 업무가 많아 근무를 할 수밖에 없는 경우가 적지 않다. 다만 30%든, 50%든 거품이 있는 건 사실이다.

칼퇴의 조건

공무원들이 바뀌고 있다. 더 이상 신화 창조자 내지는 변화의 주역을 염두에 두지 않는다. 조연일망정 오랫동안 안정적으로 근무할 수 있다는 점을 중시한다. 예전의 공무원과 비교하면 포부가 크지 않고 덜 희생적일지 모른다. 그렇다고 부정적인 측면만 있는 것은 아니다. 국가나 민족 같은 거대한 이념에는 약할지 몰라도 개인의 삶과 생활에는 관심이 크다. 사명감은 부족할지 몰라도 합리적 성향은 강해 보인다.

또한 여성 공무원이 크게 늘고 있다는 점에 주목해야 한다.[160] 그동

---

160) 국가직 9급 공무원의 경우 2014년부터 여성 합격자의 비율이 50%를 넘어서기 시작했다. 7급 공무원과 5급 공무원의 경우는 40%이며 지방직의 경우 70%에 이른다.

안 남성 공무원이 많다 보니 공직문화가 남성 위주였다는 점을 부인하기 어렵다. 업무 추진 방식과 직원 간의 관계는 물론 회식문화 등에서도 상명하달과 일방통행 위주였다. 남성 간부는 '일 시키기에는 남자 직원이 낫다.'는 고정관념에 젖어 있다. 그렇게 생각하는 이유는 의전, 잡일, 음주, 대기 근무 등 비공식적인 측면을 고려하기 때문이다. 남성의 업무 능력을 뛰어나기 때문은 아니다. 남성 간부는 자신을 상전으로 챙겨주고 심부름도 해주고 밤늦게까지 술자리도 같이 하고 일이 없어도 늦게까지 사무실을 지켜주는 사람이 미더운 것이다. 지금은 고위직의 대부분이 남성이지만 여성 공무원의 증가를 감안하면 10년, 20년 후에는 여성이 다수가 될 수 있다. 바뀌는 건 시간문제다.

젊은 공무원과 여성 공무원에게 사명감만을 강조하는 건 효과를 내기 어렵다. 그보다는 설득력 있는 보상체계와 합리적인 근무여건이 그들을 움직일 것이다. 또한 남성 위주의 조직문화나 유리천장 등 차별적인 요소를 거둬내야 한다. 이를 통해 정시 출퇴근하는 문화를 확산시켜야 한다. 업무를 신속히 처리하고 일찍 퇴근해 가족과 시간을 보내거나 무엇을 배우는 직원의 직장 만족도가 높다. 이는 곧 생산성의 증가로 이어진다. 그런데 정시 퇴근하는 공무원을 찾기 힘든 게 현실이다. 격무 부서나 민원 부서를 보면 과도한 업무에 찌들어 그날그날 겨우 버텨내는 직원들을 흔히 볼 수 있다. 이들에게 정시 퇴근만한 위안은 없을 것이다.

마음만 먹으면 줄인다

나는 전체 업무 중에서 내부적인 일들이 얼마나 되는지 따져본 적이 있다. 정확히 도출하기에는 어려운 점이 있지만 당시 내린 결론은 못 되어도 30% 정도는 된다는 것이었다. 이 말이 의심스러우면 일주일만이라도 하는 일을 체크해보면 된다. 일의 목적과 하는 데 소요되는 시간을 따져보는 것이다. 공무원이 하는 일은 국민을 위한 업무, 조직 운영을 위한 업무, 개인을 위한 업무로 크게 나눌 수 있는데 국민을 위한 업무의 비중이 의외로 적다. 반면에 조직 운영과 개인을 위한 업무의 비중이 적지 않은데 여기에는 반드시 하지 않아도 될 업무가 많이 들어있다.

공직이라는 점을 감안하면 국민을 위한 업무의 비중이 대부분이어야 한다는 데에 이의를 달 수 없다. 하지만 실제로 따져보면 상관이 업무 파악을 위한 회의에 걸리는 시간, 안 만들어도 되는 문서를 만드는 데 걸리는 시간, 고위직을 위해 문서를 분칠하거나 견출지를 붙이는 시간, 문서를 보고하는 데 걸리는 시간, 회의를 준비하기 위해 회의장을 정리하고 서류를 인쇄하고 참석자 개인에게 배포하는 시간 등 낭비가 적지 않다. 또 휴식을 취하거나 커피나 담배를 즐기는 일은 물론 반드시 공무라고 보기 어려운 인터넷 검색, 동료나 지인과의 대화 등 관행적으로 이뤄지는 일에 시간이 햇빛에 눈 녹듯 사라진다.

공무원들끼리 사무실에서 오랫동안 지내는 일은 여러 가지로 바람직하지 않다. 같은 시험을 치르고 같은 조직문화 속에서 직급별로 거의 같은 보상을 받으며 같은 방식으로 일하는 공무원들은 동질적일 수밖에 없다. 그렇지 않아도 한 직장에서 30년 정도를 근무하게 되어 동류의식이 다른 직장보다 강한데 평일 밤에도, 주말에도 같은 공간에서 지낸다면 어떻겠는가. 시민에게 공무원 간의 특별한 동류의식은 '당신들만의 천국'을 보호하기 위한 벽으로 느껴질 수 있다.

공무원의 칼퇴는 의미가 크다. 먼저 칼퇴를 실현하기 위해서는 혹시나 있을 편견부터 막아야 한다. 칼퇴는 일을 적게 하자는 게 결코 아니다. 민원인의 불편을 감수하고서라도 결행하자는 말은 더더욱 아니다. 하지 않아도 될 일을 줄이는 가운데 업무 집중도를 높이자는 것이다. 자신들만의 울타리를 벗어나 다양한 사람들을 만나고 다양한 체험을 가질 기회를 늘리자는 것이다. 세상이 어떻게 변하고 있는지 사람들이 어떤 생각을 하고 있는지 시장에서는 어떤 일들이 벌어지고 있는지를 아는 것은 업무를 추진하고 민원을 처리하는 데에 도움이 된다. 설사 그냥 쉬더라도 사무실에서 번아웃 되는 것보다 낫다. 충분한 휴식을 즐긴 공무원이 스트레스가 잔뜩 쌓여 있는 공무원보다 시민에게 보다 양질의 서비스를 제공할 것이다.

칼퇴가 가져오는 긍정적 효과에 대해서는 연구 결과가 많다. 주당 50시간의 업무시간을 기점으로 우울, 불안, 번아웃, 스트레스 등 심리적 건강이 본격적으로 나빠진다. 이러한 현상은 기업 근로자나 공무원 모두 유사해 모든 직급에서 동일하게 나타났다. 다만 임원의 경우만 근무시간이 길어져도 정신 건강 지표는 나빠지지 않았다.[161] 한계효용은 체감한다. 나중에 먹는 사과의 맛은 처음 먹는 사과의 맛보다 못한 법이다. 연속해서 사과를 3개, 4개 먹는다면 만족도는 현저하게 떨어질 것이다. 그런데도 우리나라 근로자는 OECD 34개국 회원국의 근로자에 비교해 연간 300시간 이상이나 많이 근무한다. 타고난 부지런함 때문만은 아닐 것이다.

직장에서 일주일에 한 번 '가정의 날'을 정해 운영하는 것도[162] '저녁

---

161) 경향신문(임세원), "칼퇴근'은 직장인에게 행복을 가져다줍니다", 2017.8.23.
162) 사실 가정의 날을 운영하는 것은 난센스다. 가족 사이의 따뜻한 정을 키워갈 저녁이 어쩌다가 야근이나 회식으로 훼손되고 있다. 미국은 가족이 저녁을 함께 하는 일수가 일주일 중 5.1일이나 된다. 가정의 날을 운영한다는 것은 가정의 날이 없다는 사실을 고백하는 것과 다름없다. 한국사회의 저녁은 참으로 기이하다. 야근 아니면 회식도 부족해 남자들의

있는 삶'을 외치는 것도 이런 배경 때문이다. 야근시간이 늘수록 업무 생산성이 떨어지는 현상을 '습관적인 야근의 역설'이라고 한다. 업무 시간이 지나면 자동적으로 컴퓨터 접속이 차단되는 'PC오프제'를 실시하는 기업도 있다. 업무의 특성상 'PC오프제'가 통하지 않아 장기 휴가제를 도입하는 기업도 있다.

칼퇴하는 직장을 만들기 위해 제일 필요한 일은 내부의 일을 줄이는 것이다. 이것은 공직사회 내부의 관행이나 문화와 관련된 것들로 외부에서는 잘 보이지 않는다. 공무원 자신들조차 잘 의식하지 못한다. 과잉 의전차문 열어주기, 의자 빼주기, 엘리베이터 잡아주기, 견출지 붙이기, 문서 분칠하기, 펜 놓아두기, 인사말씀과 시나리오 작성하기 등, 습관적인 문서 작성과 회의, 늘어지기 십상인 보고, 상관을 의식한 무조건적인 대면보고, 불필요한 대기 근무 등이 그것이다. 마음만 먹으면 당장이라도 고칠 수 있는 것들이지만 핑계를 대면 단 하나도 고칠 수 없는 것들이다.

수상하고도 요상한 질주로 넘쳐난다.

4. 늘리려면 줄여라

일단 막고 볼 일

"관속의 정원이 적으면 한가하게 있는 자가 적고 무리하게 거둬들이는 것이 심하지 않을 것이다員額少 則閒居者寡 而虐斂未甚矣."[163]

세상에 가장 통제가 필요한 일을 하나만 들라면 '공무원 숫자'다.

공무원 수는 엄격히 관리되어야 한다. 이러한 주장조차 충분하지 못하다. 그만큼 공무원 증원은 교묘한 방식으로 끈질기게 이뤄진다. 복지, 소방 등 국민 생활과 밀접한 분야에 한정해 공무원 수를 늘린다고 해도 마찬가지다. 한 번 늘리면 다시는 줄이기 어렵기 때문이다. 그런데 기존 업무가 크게 늘거나 새로운 업무가 생겨 공무원 수를 늘린다 해도 그 업무가 지속될 것이라는 보장이 없다. 앞서 본 것처럼 공무원 한 명을 새로 뽑는 데 30억 원이 소요된다. 결코 쉽게 결정해서는 안 되는 일이다. 따지고 더 따지고 또 따진 후에 결정해도 늦지 않다. 증원 요구에 딴지를 걸고, 변덕을 부리고, 뒤끝 작렬해도 좋다. 공무원 증원은 무조건 나쁘다는 부정적인 편견에 사로잡혀도 괜찮다.

---

163) 정약용, 『목민심서』, 홍신문화사, 2007, p.169.

정부예산으로 감당하니까 그렇지 만일 기업을 경영하는 입장이라면 떡 나눠주듯 결정할 일이 아니다. 더군다나 예상보다 가파르게 떨어지는 합계출산율과 바닥 수준인 잠재성장률을 감안하면 '아니올시다.'가 답이다.

공무원의 일정 비율을 지속적으로 퇴출시켜야 한다는 주장이 있다. 조직에 긴장과 활력을 불어넣기 위해서는 정원의 2~3% 선에서 시작해 점차 늘려가야 한다는 것이다. [164] 몇몇 지자체에서 성과가 극히 낮은 공무원을 골라내 별도 관리한 적이 있다. 하지만 일정 비율을 지속적으로 퇴출시키는 수준까지는 가지 못했다. 1%만이라도 강제 퇴출시키면 효과가 크겠지만 그동안의 사례를 보면 실행 가능성은 낮다. 이에 앞서 공무원의 현 정원을 묶어놓는 일부터 하는 게 맞다.

재건축 단지나 신규 주택이 대거 들어선 지역에 위치한 동 주민행복센터에 공무원 1명을 새로 배치하면 주민들은 더 나은 서비스를 받을 수 있다. 하지만 모든 부서나 행복센터가 다 그럴 수 있지는 않기 때문에 일손의 여유가 있는 부서나 동 행복센터의 인력을 재배치하면 공무원을 늘리지 않아도 된다. 인구가 증가하는 지역이 있으면 인구

---

164) 중앙일보, "공직사회 혁신 없이는 혁신경제도 없다", 2018.1.18.

가 줄어드는 지역도 있고 업무가 느는 부서가 있는가하면 업무가 감소하는 부서도 있게 마련이다. 그것도 아니라면 증원 이전에 업무 생산성 향상을 도모해야 한다.

우선 공무원의 수를 늘리는 만큼 의무적으로 줄이는 방식을 채택할 만하다. 예를 들어 한 기초 지자체에 복지 수요가 크게 늘어 10명의 사회복지 공무원이 새로 필요하다면 그 지자체의 기존 공무원 중 10명을 줄이는 조건으로 이를 인정해주는 것이다. 그러면 해당 지자체는 인력 증원에 매우 신중해질 것이다. 기존 인력을 복지 인력으로 재교육해 재배치하거나 업무 중요성이 떨어지는 분야의 인력을 줄이고 복지 인력을 늘릴 것이다. 필요하다면 직렬 간 전직이 가능하도록 숨통을 터줘야 한다. 아무리 직렬에 따라 공무원을 선발했더라도 환경 변화에 맞춰 조정하지 못할 만큼 직렬은 절대적이지 않다.

'공무원정원거래제'의 도입

'공무원정원거래제'를 도입하면 어떨까. 국가 전체의 공무원 정원을 묶어놓은 채 지자체 사이 또는 지자체와 중앙부처 또는 중앙부처 사이에서 공무원 정원을 사고파는 방안을 검토할 만하다. 2015년부터 시행된 탄소 배출권 거래제를 생각하면 이해가 쉽다. 부처나 지자체별로 할당량_{정원 제한}을 정하고 남거나 부족한 배출량_{수요 변동}에 따라 사고파는 방식이다. 예를 들면 인구가 지속적으로 유입되는 수도권의 한 시가 인구가 감소하는 지방의 한 군으로부터 공무원 정원 10명을 사는 것이다. 중앙부처도 마찬가지다. 산업 변화나 사회 변동에 따라 업무가 느는 부처가 있는가 하면 업무가 주는 부처도 있어서 거래는 가능하다. 공무원 정원을 사는 쪽은 공무원 정원을 파는 쪽과 협의해 예산을 지원하거나 공공시설물을 건립해주면 된다. 한 부처나 지자체 안에서도 정원 조정이 어렵지만 부처 간, 지자체 간 정원조정은 아예 불가능한 현실을 감안하면 더욱 검토할 만한 가치가 있다. 인구가 증가하는 지역은 수도권이나 대도시이므로 자녀교육 등을 위해 그런 지역으로 옮겨갈 공무원의 잠재적 수요가 존재한다고 볼 때 공무원 이동이 아주 곤란한 일은 아닐 것이다. 정원을 매각하는 쪽에서 바로 감축하는 게 어려우면 자연감소분으로 조정할 수 있도록 유예기간을 두면 된다.

(표 4)에서처럼 공무원 수는 늘 증가하는 경향이 있다. 업무량이 늘어날 때는 물론 줄어들 때에도 그렇다. 업무량 수준보다 낮은 경우는 생각하기 힘들다. 업무량에 비해 공무원의 수가 부족하면 민원 폭주, 대규모 시위, 공무원 사망 등이 벌어질 수 있다. 즉각적으로 공무원 수가 늘어난다. 우리가 흔히 접하는 행정의 난맥상은 공무원 수의 부족에서가 아니라 인력 배치 및 활용의 잘못에서 온다.

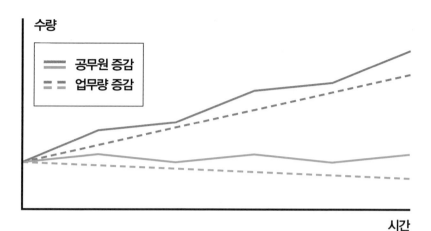

공무원 수와 업무량의 관계 (표 4)

　관료주의는 '큰 정부'의 선의를 모른다. 공무원을 크게 늘린다고 공무원이 더 청렴해지거나 생산성이 높아지는 건 아니다. 큰 정부를 지향하는 정부라고 해서 관료주의의 병폐에서 자유로운 것은 아니다. 오히려 절대 권력이 절대 부패하듯 정부조직이 비대해질수록 관료주의는 악화될 것이 분명하다. 공직사회가 수많은 혁신을 꾀해도 기업처럼 팽팽 돌아가기는 어렵다. 생존이 보장된 자와 생사를 넘나드는 자는 그 절실함에서 다를 수밖에 없다. 업무량에 비해 공무원 수가 적다면 불필요한 일이 줄어들 수밖에 없다. 공무원은 더 중요한 일 위주로 시간을 쓸 것이다. 선택과 집중의 원칙이 작동하게 된다. 조직 내부를 위하거나 상관을 위한 일은 자연스럽게 줄 것이다. 반면 공무원

수가 많다면 불필요하거나 번잡스러운 일은 늘어날 것이 뻔하다. 이는 문서, 규정, 절차, 회의, 보고, 의전의 과다로 나타날 것이다. 잉여 공무원이라도 무언가를 하지 않으면 안 되는데 그 무언가는 공무원 자신을 위한 일일 공산이 크다.

5. 적을 만들어라

충돌하고 갈등하라

기업이 망하지 않으려면 다양한 사람들로 이사회를 구성해 이사회가 CEO의 입장을 무조건 추종하지 않도록 해야 한다. 또는 소위 '라이벌들의 팀'을 구성해 고의적으로 충돌하고 갈등하게 만들 필요가 있다.[165]

행정도 이와 다르지 않다. 한 사람의 의견이 그대로 법이 돼서는 곤란하다. 기관장이나 간부가 '이렇게 하세요!'라고 지시하고 직원이 이에 일사불란하게 움직이면 당장 효과를 거둘 수 있다. 하지만 이런 식의 일 처리는 재난이 발생하거나 위급한 상황이 벌어질 때를 제외하면 생명력이 길지 않다. 기관장이나 간부라고 해서 모든 상황을 제대로 파악하고 장단점과 장기적 관점까지 고려해 결정을 내릴 수 있지는 않다. 설사 그 결정이 옳다고 해도 조직 내 소통과 토의 문화는 아예 종적을 감출 것이다. 위에서 밑으로만 내려지는 지시 앞에서 직원은 마치 기계처럼 수동적으로 일할 것이다. 이해나 공감 없이 하는 일에 고민이 있을 리 없다. 거기에 성실함은 몰라도 창의적 태도가 끼어

---

165) 『우리는 왜 극단에 끌리는가』, pp.198~202.

들 여지는 없다. 그리고 시간이 흐를수록 효과는 가라앉고 지시한 사람이 바뀌면 순식간에 폐기되곤 한다.

조직 문화상 수평적 토론이 어렵다면 이를 대신할 별동대라도 둬야 한다. 조직 전체를 혁신적으로 만들기는 어렵다. 설사 그렇게 하더라도 관료제의 속성상 무늬만 혁신으로 그칠 우려가 높다. 위계적인 조직 문화 속에서 별동대가 제 역할을 할 수 있을지 우려스럽기는 하다. 예를 들어 별동대의 7급 가 직원이 A국에서 중점적으로 추진하는 B업무를 전혀 다른 시각으로 접근해 문제점을 지적한다면 A국장이 가를 불러 "네가 뭘 아냐?", "지금 얼마나 애를 쓰고 있는데 어딜 함부로 태클을 거냐?"라며 호통을 치는 일이 벌어질 수도 있다. 그런데 A국장은 겉으로는 발끈해도 속으로 뜨끔할 것이고 B업무 담당자에게 검토를 좀 더 해보라고 할 가능성이 적지 않다. 위원회를 열어 안건을 심의할 때 안건을 제안한 부서가 '제안 설명'을 하면 위원회 운영부서가 '검토 의견'을 낸다. 두 부서가 같은 국이나 실에 소속되어 있다는 이유로 또는 다른 부서의 업무에 관여하지 않는 관행 탓으로 검토는 적당한 선에서 이뤄진다. 별동대를 특정 부서에 두지 말고 독립시켜 운영하면 이런 우려를 어느 정도 줄일 수 있다. 별동대가 존재한다는 사실만으로도 상관이든 직원이든 의사나 정책을 결정할 때 한 번이라도 더 생각해볼 것이다.

"당신은 계급이 아니라 아이디어에 따라 움직여야 한다."[166] 별동대가 그렇다. 별동대에게 계급은 독이다. 오로지 아이디어에 따라 활동할 수 있어야 한다. 이들에게 아무런 업무도 주지 않은 채 무얼 할 것인지 전적으로 맡기는 것이다. 성역 없이 문제점을 지적하고 대안을 제시하도록 하되 문서 작성에 매몰되지 않도록 배려해야 한다. 괴짜나 별종 같은 직원을 합류시키면 더 좋다.

구글은 가장 어려운 질문을 던진다. 이를 테면 5년 후에 무슨 일이 현실로 닥칠 것인지에 대해 질문을 던진다. 래리 페이지는 CEO가 할 일은 핵심 사업에 대한 것뿐만 아니라 불확실한 미래에 대해 도전하는 것이라고 말한다. 대부분의 회사가 이렇게 하지 못하는 이유는 하던 일만 너무 편하게 하려고 하기 때문이라고 말한다.[167]

행정에서도 가장 어려운 질문은 가능하다. 세입이 갑자기 반 토막이 난다면? 복지 관련 예산이 전체 예산의 50%가 넘어선다면? 강도 7.0 이상의 지진이 도심 한복판에서 발생한다면? 보기만 해도 옮기는 치명적인 전염병이 퍼진다면? 적의 공격으로 주민들이 일제히 차를

---

166) 『구글은 어떻게 일하는가』, pp.325~6.
167) 『구글은 어떻게 일하는가』, p.361.

몰고 나와 도로가 막혀 이동 자체가 불가능한 상태가 된다면? 같은 질문은 물론 공무원이 하는 대부분의 일이 인공지능으로 대체 가능하다면? 사인 간의 연대와 협력이 기술적으로 가능해져 행정에 의한 독점적 행정서비스 공급의 필요성이 없어진다면? 등과 같은 질문도 가능하다. 질문이 독할수록 이로움은 클 것이다. 별동대의 무대는 넓다.

열어야 산다

별동대의 운영과 함께 행정의 개방이 필요하다. 레드팀 같은 별동대의 운영이 집의 울타리를 뛰어넘는 것이라면 개방은 동네의 입구를 활짝 여는 것이다. 레드팀만으로 충분하지 않다. 개방은 더 포괄적이고 파급력이 크다. 구글은 예외적인 상황을 빼고는 개방을 기본으로 한다. 안드로이드를 개방함으로써 수많은 개발자를 자기편으로 끌어들이는 데 성공했다. 이로써 PC에서 모바일로 플랫폼을 매끄럽게 이동할 수 있었으며 스마트폰 운영체제 점유율에서 애플을 압도하게 되었다. [168] 이 점에서 행정이 민간과 다르기만 한 것은 아니다. 행정은 더 개방되어야 한다. 국민이나 국회지방의회, 언론이 행정 정보를 더 개방하라고 해서가 아니다. 행정 자체의 존립을 위해 필요하다. 민간의 아이디어, 혁신, 비판적 의견이 행정을 충실하게 만든다. 거친 환경과

---

168) 『구글은 어떻게 일하는가』, p.138.

기술의 소용돌이 속에서 백신을 미리 맞는 일과 같다.

　행정이라고 언제까지나 안주할 수 있을 것 같지는 않다. 근본적인 상황에 처할 수 있다. 일이 터지면 조직을 늘리는 것으로 대책을 세우는 행정이 지구상의 모든 데이터로 무장한 인공지능 앞에서 견뎌낼 수 있을까. 기술의 문제뿐이 아니다. 가상화폐의 사례를 보라. 블록체인 기술은 중앙은행의 독점적 화폐발행에 맞서 사인도 화폐를 발행할 수 있도록 지원한다. 중앙처리장치 없이도 참여자들이 데이터를 분산 저장함으로써 가능하다. 암호화폐의 정신은 개인 존중과 탈중앙화다. 행정의 영역에도 이러한 기술과 정신이 등장할 수 있다. 이제 개인은 정신과 기술 양 측면에서 직접 민주주의 또는 탈중앙화로 무장할 수 있게 되었다. 만일 행정이 앞으로 나가지 못하면 자유의 일부분을 양보한 개인은 그 사회계약 자체를 취소하자고 요구할지 모를 일이다.

6. 공정한 게임을 하라

'넌 성골, 난 육두품!'

'나는 사업 부서를 벗어나지 못하는데 동기는 총무과, 감사관실, 인사과 같은 소위 요직부서만 골라 다닌다. 8급도 나보다 1년이나 빨리 달았고 곧 7급으로 승진할 것이라는 소문이 돈다. 내 순위는 30위권에 불과해 언제 승진할지 가늠하기도 어렵다. 왜 이런 차이가 나는지 납득이 가지 않는다. 사실 공무원 들어올 때 성적도 내가 앞이었다. 왜 처음부터 나는 사업부서에, 동기는 총무과에 배치되었는지 도통 모르겠다. 도대체 무슨 기준이 있었을까. 혹시 동기 뒤에 '보이지 않는 손'이 있지는 않을까. 그렇다면 나는 육두품이고 동기는 성골인가.'

적지 않은 공무원이 이렇게 생각한다는 것은 놀라운 일이다. 아마도 '보이지 않는 손'의 존재는 사실이 아닐 수도 있다. 그러나 공무원의 상당수는 인사나 평가가 공정하지 못하다는 생각을 떨치지 못한다. 조직 내 성골, 진골, 육두품 같은 보이지 않는 계급이 존재한다고 여긴다. 누군가가 지대_{노력 이상의 보상}를 얻음으로써 공정해야 할 게임을 망가뜨린다고 본다.

"레레족은 벨기에령 콩고의 카사이 강 유역에 산다. 숲은 그 권위가 막강하다. 생활필수품의 원천, 의약품의 원천, 사냥의 무대다. 레레족은 숲을 남성의 영역으로 생각한다. 그것에 대해 거의 시적인 열광을 가지고 말한다. (……) 큰 동물을 잡으면 그 분배가 종교적 행위가 된다. 머리와 내장은 점쟁이 집단, 가슴 부분은 생산자 집단, 어깨 부분은 운반한 사람, 목 부분은 개 주인들, 한쪽 엉덩이와 앞다리 한 개는 쏘아 맞힌 사람, 배 부분은 화살을 만든 대장장이에게 각각 돌아간다. 사회구조는 매번의 사냥에 의해 재확인된다."[169]

공무원에게 인사는 '레레족의 숲'이다. 인사는 모든 것의 원천이다. 새로운 인물을 배출하고 이전과는 다른 권력을 만든다. 충성과 배신, 희망과 좌절은 물론 나태와 무료함조차도 여기서 나온다. 실적이 평가되고 책임은 물어진다. 그리고 여전히 남성의 영역이다. 큰 동물을 지위나 계급에 따라 나누어 갖듯 여러 자리노른 자리에서 고생만 하는 자리까지를 조직에 대한 충성도나 기여도에 따라 나눠 갖는다. 공무원의 권력구조뿐 아니라 정서구조도 인사에 의해 재확인되고 재생산된다.

무엇보다 인사 개혁

무엇보다 인사를 개혁해야 한다. 공무원에게 인사는 거의 모든 것

---

169) 『군중과 권력』, pp.173~177.

이다. 모든 것의 원천이면서 모든 것을 규정한다. 대부분의 공무원은 순환보직제, 하후상박의 봉급체계, 보장된 정년이라는 고정된 여건에 처해 있다. 차별화는 인사로 가능하다. 인사만큼 강력한 동기부여는 없다. 어느 부서에서 일하는지, 어느 자리에 있는지가 해당 공무원의 위상을 말해준다. 그의 미래까지도 보여준다. 모든 직원은 인사를 앞두고 노심초사한다. 욕망, 기대, 두려움, 시샘, 격려, 비난이 뒤섞인다. 더 좋은 자리를 차지하기 위해 한바탕 전쟁은 불가피하다. 온갖 소문이 나돌고 '카더라통신'이 절정에 이른다. 소문을 전적으로 믿는 직원은 없지만 전적으로 무시하는 직원도 없다. 공식적인 언급은 멀고 소문은 가깝다. 소문들 중 일부는 현실이 된다.

위 〈표 5〉에서처럼 높은 직급으로 갈수록 기울이는 노력도 커진다. 위로 올라갈수록 승진 자리가 적어지기 때문이다. 하지만 노력의 정도는 단절적이다. 승진에 임박할수록 크게 치솟지만 승진 직후에는 급격히 떨어진다. 승진은 최근 2~3년의 근무에 대한 평가에 의해 결정되고 일단 승진하면 상관 중심의 업무체계와 문화 등으로 노력이 덜 필요하기 때문이다. 노력의 총량은 a와 b 아래의 전체 면적이어야 하나 공무원 사회의 특성 탓으로 움푹 들어간 부분만큼 줄어든다. 그대로 공무원의 이득이 된다.

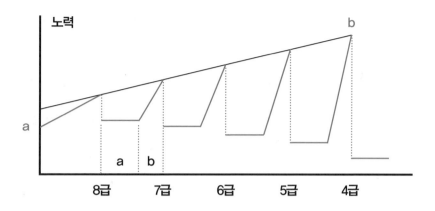

노력

a

b

a　b

8급　　　7급　　　6급　　　5급　　　4급

직급에 따른 노력의 변화 (표 5)

인사가 공정하지 않으면 그 조직은 이미 실패한 거나 다름없다. 아무리 새로운 기획을 도모하고 유능한 인력을 충원해도 성과를 낼 수 없다. 공정한 인사는 연고주의와의 이별에서 시작한다. 연고주의는 기울어진 운동장이다. 같은 시험을 보고 들어온 직원을 같지 않게 만든다. 학교든 고향이든 혈연이든 무시해야 한다. 쉽게 말해 연줄이 없는 공무원이나 남자보다 연줄에 덜 의존적인 여자 공무원들이 손해를 보지 않아야 한다. 또 대다수 공무원이 인정할만한 인사의 기준을 세워야 한다. 인사부서의 직원이 사람을 알아보는 특별한 능력이 있다면 몰라도 그렇지 않다면 당연히 기준과 원칙이 필요하다. 그리고 실적이나 노력을 공정하게 평가해야 한다. 특정 부서에 있다고 해서 권력에 가깝다고 평가를 유리하게 해서는 안 된다. 눈에 보이지 않는다고, 화려한 업무가 아니라고 불이익을 줘서도 안 된다.

  이처럼 인사부서가 할 일이 많지만 인사부서는 너무 바쁘다. 인원은 많지 않은데 수시 인사는 물론 근무평정, 퇴직, 휴직, 복직, 전입, 전출, 징계 등 업무가 늘 많다. 주중에도 늦게까지 일하고 주말에도 출근한다. 정기인사 때에는 눈코 뜰 사이도 없다. 그러나 막상 큰 틀에서의 고민은 부족하다. 직원 개인별로 실질적인 컨설팅의 제공은커녕 공정한 기준과 원칙의 마련에도 어려움을 겪는다.

  인사가 공정하지 못하면 공무원은 딴 생각을 한다. 일은 적당히 하고 연줄을 찾는다. 야밤의 수상한 질주에 가담한다. 음모론을 거든다. 일만 하는 직원을 딱하게 여긴다. 남자는 유리하고 여자는 불리할 것이라고 짐작한다. 승진하려면 정치를 잘 해야 한다는 말을 믿고 만다. 기관장이 기술직을 우대하겠다고, 사업 부서를 먼저 승진시키겠다고, 청탁하는 공무원을 엄벌하겠다고 하지만 실제로 지켜지지 않는다. 원인은 여럿이다. 소수의 행정 직렬이 인사업무를 독점한다. 정치적인 요인이 차단되지 못한다. 실적이나 노력이 객관적으로 평가되지 못한다. 연고주의가 사라지지 않는다. 공정한 인사는 레토릭만으로 이뤄지지 않는다. 확고하고 끈질긴 실행이 핵심이다.

평판인사의 극복

한 기초자치단체에 출연기관이 있었다. 직원 수가 세 자리나 되는 덩치가 큰 기관이었는데 성과는 저조하고 조직 운영에 잡음이 끊이지 않았다. 문제는 인사였다. 선출직 시장마다 자기와 가까운 사람을 채용하는 바람에 출연기관에는 '누구는 ○○사람' 하는 식으로 파벌이 존재했다. 직원들 간의 반목과 모함이 횡행했다. 서류전형과 면접만 치르던 입사시험에 함정이 있었다. 나는 필기시험을 의무화하는 방안을 해결책으로 강력히 밀어붙였다. 단순하지만 강력한 방안이었다. 진통 끝에 관련 규정을 고쳐 필기시험을 의무화시키기에 이르렀다. 구직자들에게 신뢰를 주었는지 곧 치러진 입사시험에서 경쟁률은 몇 배로 뛰어올랐다.

그러나 인사는 아직도 평판이나 이미지에 의존한다. 이를 테면 A는 정교하진 못하지만 추진력이 좋기에 거친 민원이 많은 B부서에 배치한다는 식이다. 그러나 A가 자신의 부족함을 보완하려고 노력해왔거나 사실은 마음의 상처를 잘 받는 성격의 사람일 수 있다는 생각은 하지 못한다. A가 어떤 분야에 줄곧 관심을 보여 왔는지, 어떤 주제로 학위를 취득했는지, 어떤 분야의 자격증을 취득했는지에 대해서는 비중 있게 고려되지 않는다. 이에 대한 기록조차 관리되지 못하는 경우가 많다. 또 기관장이 편애하거나 꺼려하는 누군가를 영전시키거나 좌천시키기 위한 목적만으로 인사를 하는 경우도 있다. 기관장이 선물을 하사하듯 시혜적 차원에서 이뤄지는 경우도 있다. 자리는 객관적 기준에 따른 합리적 배분의 대상이 아니라 전쟁에서 이긴 자들이 나눠 갖는 전리품처럼 변질된다. 이를 데이터에 입각한[170] 시스템 인사, 인적 자원 육성을 위한 미래지향적 인사로 바꿔야 한다.

큰 변화를 위해서는 인본주의적 과정이 필요하다. 인본주의적 과정은 우리가 서서히 움직이도록 격려한다. 회의주의와 취약성, 할 수 없다는 두려움, 블루오션의 존재에 대한 의심, 가치 있는 존재로 느껴지게 하는 지적·정서적 인정욕구를 모두 인정한다.[171] 이를 위해 무엇보다 중요한 것은 공정한 절차다. 이는 강력한 효과를 낸다. 직원으로 하여금 신뢰와 안정감을 갖게 하며 헌신을 가져오고 스스로 협력하도록 만든다. 자신의 가치를 인정받는다는 생각이 들게 해 최선을 다하려는 의욕을 불러일으킨다.[172]

공정한 게임은 선수를 춤추게 한다. 대다수의 직원이 인사나 평가

---

170) 『구글은 어떻게 일하는가』 p.186.
171) 『블루오션 시프트』 p.57.
172) 『블루오션 시프트』 pp.116~118.

가 공정하다고 믿는 조직은 성과를 낼 가능성이 높다. 레레족이 동물을 배분하는 방식에는 일정한 원칙이 있다. 중대한 결정을 내리는 주술사에게는 머리를, 사냥감의 목을 물었을 개의 주인에게는 목을, 사냥감을 어깨로 운반했을 사람에게는 어깨를 주는 식이다. 사냥에 직접 나서지 않았지만 뾰족한 화살을 만들었을 대장장이도 빠뜨리지 않는다. 동물에게도 영혼이 있다고 믿었고 공동 작업을 중요하게 여긴 당시 부족원들의 믿음에도 충실하다. 대다수 직원들이 인정하는 원칙을 세운다면 신뢰와 헌신은 저절로 따라온다. 사명감은 사명감의 강조로 생기지 않고 공정함의 이행에서 나온다. 이게 요즘 공무원들을 이끄는 최신의 법이다. 요직부서에 배치 받은 동기를 인정하면서도 나도 이러저러한 노력을 기울이면 인사팀이나 감사팀으로 배치될 수 있다는 희망을 갖게 된다.

7. 경계는 점선이다

경계는 나중에 생겼다

"모든 경계는 본래 있지도 않은 분리를 만들어낸다는 의미에서 순전히 환상이며, 사물과 사건 사이의 경계뿐만 아니라 대립들 간의 경계는 궁극적으로 철저히 속임수이다."[173]

이와 같이 경계는 나중에 생겼다. 처음부터 존재했던 것이 아니다. 쉽게 이해하거나 구분하기 위해 인위적으로 만든 선에 불과하다. 그런데 나중에 만들어진 경계가 원래부터 존재했던 현실이나 일을 구획한다. 주객이 뒤바뀐다. 어떤 문제가 생기면 시민을 만족시키거나 피해를 줄이는 것에 대해 고민하기도 전에 어느 부서가 이를 맡을 것인지를 놓고 다툰다. 부서에 갇혀 있기 때문이다. 억지로 일을 떠맡게 된 주관부서는 오로지 성과를 챙기려는 욕심에 통합적인 관점에는 관심이 없다. 처음부터 주관부서가 되는 것을 꺼려하던 협조부서는 자신에게 별 도움이 되지 않기에 미온적이기만 하다. 고로 협업은 미진하고 대책은 단편적이거나 두루뭉술하기 십상이다. '주관부서의 역설'이 아닐 수 없다.

---

173) 『무경계』, p.57, 81.

"산업 내 참여자들은 기존 시장의 경계를 주어진 것으로 놓고 행동한다. 사실 이러한 경계는 고정된 것이 아니라 우리 생각의 산물에 불과하다. 새로운 시각으로 바라보고 생각할 때 우리는 이 경계를 뛰어넘을 수 있다."[174]

경계는 벽도 울타리도 아니다. 단절과 고립을 추구하지도 않는다. 경계가 고정되어 있다고 믿는 것은 세상은 늘 똑같다는 생각과 같다. 경계는 시대상황에 따라 마음먹기에 따라 유동적이다. 하지만 우리는 경계를 그어놓고 모든 것을 거기에 가둔다. 경계의 본질을 고려하면 소통이 불가능한 경계는 자기모순이다. 조직개편이 잦은 이유도 부서 간 경계를 고정적인 것으로 보기 때문이다. 시민의 삶은 한 덩어리로 존재하고 그래서 업무의 대부분은 다수의 부서에 걸친다. 협업과 개방이 필연적이다.

앞서 지적한 것처럼 인력의 증가는 곧 '자리'의 증가를 의미한다. 공무원 증원에 대한 요구는 크고 집요하다. 그런데 더욱 좋지 않은 것은 부서가 생기기 무섭게 울타리가 쳐진다는 점이다. 일을 잘하기 위해 만든 부서가 어느새 자신만의 존속을 위해 골몰하는 이기적인 존재로

---

174) 『블루오션 시프트』 p.97.

변질된다. 편의상 그어놓은 부서의 경계가 뛰어넘을 수 없는 협곡이 된다. 조직 전체를 아우르는 유연한 통합적 사고는 사라지고 개별 부서의 파편적인 입장만 존재한다. 자기중심주의에 빠진 부서는 부서에 딱 떨어지는 개별적인 일에만 관심을 기울이고 다수의 부서에 걸친 일에는 눈길을 두지 않는다.

이에 대한 해결방안으로 등장한 게 'T/F Task Force'다. 공무원은 무슨 문제나 일만 생기면 T/F를 만든다. T/F는 말 그대로 특별한 업무를 처리하기 위해 한시적으로 운영되는 조직이다. 복수의 부서와 연관된 업무를 맡고 있는 데다가 자원이 부족할 수밖에 없어서 기존 조직의 협조가 필수적이다. 하지만 기존 조직의 입장은 T/F에 대해 극단적이다. 전혀 협조하지 않거나 아예 업무를 넘겨버리거나 둘 중 하나다. 가급적 연관성을 부정하려 한다. 부서 간 협업이 원활하면 굳이 T/F를 만들 일도 없다. T/F의 성업은 불통과 단절의 자백이다.

마크 그래노베터는 약한 산소가 엄청난 양의 물 분자를 결합시키고 강한 결합을 만든다는 사실에 매료돼 '약한 연결의 힘'에 주목한다. "강한 연결이 아닌 약한 연결을 통해서 정보가 확산될 때 많은 사람들을 거치면서 더욱 광범위한 사회영역으로 뻗어나갈 수 있다." 친한 친구와 지인들은 행동반경이 비슷한 반면에 약한 인연을 가진 사람들은 서로 다른 행동반경에서 생활하기 때문이다. 약한 연결의 힘은 '세렌디피티serendipity, 뜻밖의 발견'의 가능성을 높인다. [175)]

부서의 종말

어쩌면 '부서의 종말'을 선언해야 할지도 모른다. 지금의 부서 편제는 변화가 느리고 안정적인 환경을 전제로 설계된 것이다. 그런데 공무원들의 영전이나 승진 욕구를 만족시켜야 하는 내부적 요인 탓에 기존의 방식으로 확대 재생산된 결과물이다. 물론 행정의 안정성에도 일정 부분 기여하는 것은 맞다. 공무원 입장에서는 어떤 업무를 해야 하는지 알 수 있고, 민원인 입장에서는 부서의 이름을 보고 어느 부서를 찾아가야 하는지 짐작할 수 있다물론 그렇게 하다가 낭패를 보는 경우를 배제할 수 없다. 그럼에도 불구하고 행정이 환경의 변화에 적절히 대응하지 못한다면 부서 편제의 의미는 크게 약화될 수밖에 없다.

업무 분장표를 보면 주무부서실이나 국의 주무과마다 '기타 타 부서에 속하지 않는 업무'가 들어 있다. 이는 어느 부서로 배분하기 곤란하거나 낯선 업무를 처리하기 위함이다. 그러나 소극적인 접근 방식이다. 아예 사고를 바꿔야 한다. '기타 타 부서에 속하지 않는 업무'보다 더 중

---

175) 『독선사회』, pp.230~235.

요한 것은 '여러 부서에 걸치는 업무'다. 이는 말 그대로 두 개 이상의 부서에 걸치는 업무는 물론 새롭거나 낯선 업무도 포함한다. 새롭거나 낯선 업무도 어떤 부서가 되었든 어느 정도는 관련이 될 수밖에 없기 때문이다. 예를 들어, 10년 후 화성에 출장소를 세운다는 프로젝트를 추진한다면 과학, 기획, 예산, 인사, 국제교류, 정보통신 등의 부서와 관련이 된다. 하지만 어느 부서 하나 '여러 부서에 걸치는 업무'에 관여하지 않으려 할 것이다. 보고도 못 본 채 한다. 주관부서를 정하는 과정은 꽤나 험난할 것이다. 막상 주관부서가 정해진다 해도 협업과 통합이 사라지는 '주관부서의 역설'에 빠질 것이다.

해결책으로 주무부서의 업무 분장표에 '여러 부서에 걸치는 업무'를 넣으면 어떨까. 그런 업무가 주무부서에서 비중 있게 처리되도록 유도하자는 것이다. 아울러 협업의 성과에 대해 주관부서뿐 아니라 협조부서까지 인센티브를 제공할 필요가 있다. 인센티브는 주무부서가 새롭거나 복잡한 일을 먼저 맡으려고 할 만큼의 수준이어야 한다. 이것이 어느 정도 정착되면 모든 부서에 '여러 부서에 걸치는 업무'를 집어넣어 경쟁을 유도한다. 어느 부서든 선점하면 주관부서가 되는 것이다. 공무원은 골치 아픈 일을 놓고 '기피하거나 핑계 대는 자'에서 '성과를 내는 자'로 변신할 수 있다.

직렬 흩트려놓기

직렬의 문제 또한 같다. 직렬이 부서처럼 칸막이로 변질되어 직렬 간 융합을 막는다. 예측하기 어려울 만큼 행정환경의 변화가 빨라 여러 직렬의 협력은 필수적이다. 그런데도 직렬의 칸막이에 갇혀 다른 직렬의 직원을 이방인처럼 대한다. 이는 공정한 인사, 자원의 연계, 통합적 관점 등을 해친다. 예를 들어 기획부서, 예산부서, 인사부서, 조직부서 등 지원부서는 대부분 행정직렬로 채워져 있다. 반면 도시계획, 주택, 건설, 도로 등의 부서는 시설직렬_{토목, 건축, 도시계획, 지적, 디자인}로 구성되어 있다. 공무원의 다수를 점하는 두 직렬은 한 지붕 두 가족처럼 따로따로 논다. 사회복지, 공업, 환경, 보건, 간호, 사서 등 다른 직렬도 다를 게 없다. 밖에서는 보이지 않는 순혈주의가 조직 전반에 스며들어 있다.

지금과 같은 직렬 배치는 차라리 천진난만하다. 행정직렬만이 기획을 할 수 있는 것은 아니다. 오히려 환경, 교통, 토목, 건축, 복지 등의 직렬과 융합될 때 더 전반적이고 균형적인 기획이 가능하다. 인사업무도 다양한 직렬로 이뤄진 직원 전체를 대상으로 한다는 점에서 행정직렬만 맡을 이유는 없다. 마찬가지로 시설직렬만이 도시 주택 업무를 할 수 있는 것은 아니다. 도시는 인문학적 토대 위에 설계되어야 한다는 점에서 행정, 공업, 복지, 환경, 통신 등의 직렬과의 융합이 필요함은 말할 나위도 없다.

두말할 것도 두려워할 것도 없이 직렬을 섞어야 한다. 부서를 뛰어넘는 광대역의 협력팀이 절실하듯 직렬 순혈주의를 넘어서는 직렬의 과감한 융합이 필요하다. 도시계획 업무를 담당해본 행정직 공무원, 예산 업무를 담당해본 사회복지직 공무원, 기획 업무를 해본 시설직 공무원이 필요하다. 이는 누구의 힘을 빌릴 것도 없다. 규정만 고치면 되는 일로 공무원 스스로 할 수 있다. 잡종의 조직을 구성한다고 해서 행정의 안정성을 걱정할 필요는 없다. 행정은 별다른 자극이 가해지지 않는 한 그 자리에 머무르는 경향이 유독 강하다. 직급 체계, 조직 편제, 월급 체계, 업무 분장 등이 명확히 정해져 있다. 그렇기 때문에 역설적으로 늘 변화를 도모해야 한다. 순종 고집은 폐쇄성 탓에 다람쥐 쳇바퀴 돌 듯 하지만 잡종 지향은 개방성 덕에 새 세상으로 진군할 수 있다. 변화로 있을 법한 후유증은 변화를 시도하고 나서 걱정해도 늦지 않다.

경계는 있되 없게

이를 확대하면 '부처의 종말'도 가능하다. 우리는 '부처 이기주의'라는 말을 귀가 아프게 듣는다. 일의 성과가 부족하거나 대처가 부실할 때 빼놓지 않고 거론된다. 부처 이기주의는 공무원 개별의 문제이기보다는 조직 전반의 문제이다. 부처만 만들어 놓으면 벽이 생긴다. 그러나 부서가 임의적이듯 부처 또한 결코 절대적이지 않다. 부처를 뛰어넘어 비슷한 직군끼리 묶어서 승진과 전보를 시행하는 방안을 생각해볼 수 있다. 인사를 부처 중심에서 직무 중심으로 바꾸는 것이다. 이렇게 되면 전문성이 강화되고 다른 부처에 대한 이해가 높아질 것이다. 울타리는 뛰어넘을 만큼 낮아진다.

"인류 역사의 어느 시점에 아이디어들이 만나 서로 짝을 짓고 섹스를 하기 시작했다." 리들리는 아이디어들의 연결과 확장을 인류 진보의 핵심적 요인으로 본다. 비관주의는 늘 흥행에 성공했지만 그들의 예측은 빗나갔으며, 화석 연료 부족, 환경오염, 지구 온난화 등도 이것으로 해결이 가능하다고 본다. [176] 그런데 아이디어들의 연결과 확장은 이종 사이에서 더욱 두드러진다.

협업 내지 통합은 효율은 낳는다. '늘 부족한' 공무원의 일손을 줄일 수 있다. 아울러 공무원 증원 요구도 억제할 수 있다. V자 대형을 이루며 나는 기러기들은 앞에서 나는 새들이 날개를 저으면 뒤에서 따

---

176) 『이성적 낙관주의자』 pp.21, 95~96.

라오는 새에게 상승기류가 만들어져 71%를 더 멀리 날 수 있다. [177] 또한 협업은 딱딱한 조직을 마시멜로처럼 만들 수 있다. 이종 간에는 소통이 필수적이다. 조직 내는 물론 조직 간에 소통이 늘 것이다. 횡적 교류가 늘면서 순혈주의는 퇴색하고 동질화는 저지될 것이다.

'이기적 유전자'보다 덜하지 않은 관료제에 대항하기 위해서는 리처드 도킨스의 제안처럼 '밈Meme'을 만들어가야 한다. 밈은 문화적 전달의 단위로, 이 지구에서는 인간만이 유일하게 밈을 통해 이기적인 자기 복제자들의 전제에 반항할 수 있다. [178] 행정에 필요한 밈은 명확하다. 공무원 증원을 막는 철칙, 칸막이를 깨는 조직 설계, 융합을 가져오는 일 처리 방식, 지속적인 혁신 시스템, 동질화를 터부시하는 관념 등과 같은 것들이다. 생명은 바다에서 육지로 상륙작전을 벌여 육지에서 생명을 꽃피웠다. 인류는 동아프리카에서 벗어남으로써 5대륙의 주인이 되었다. 경계를 넘어서면 엄청난 게 있다.

---

177) 이어령, 『디지로그』 생각의 나무, 2006, pp.83~84.
178) 리처드 도킨스, 『이기적인 유전자』 을유문화사, 1993, pp.319~322. 밈(meme)이란 인간의 문화라는 수프, 밈 풀 내에서 번식할 때에는 넓은 의미로 모방이라고 할 수 있는 과정을 매개로 하여 뇌에서 뇌로 건너다니는 것으로 예로 곡조나 사상, 표어, 의복의 양식, 단지 만드는 법, 또는 아치 건조법 등(p.308)

비록 주역은 아니더라도

　이제 공무원은 사면초가에 몰려 있다. 한때는 빛나는 주역이었으나 존재감마저 희미하다. '공무원 패싱'을 걱정할 처지다. 시민의 목소리는 높아만 간다. '더 빨리 더 많이'에서 그치지 않는다. '더 좋게 해주든가.' 아니면 '그냥 놔두든가.'를 요구한다. 더 좋게 해달라는 말보다 그냥 놔두라는 말이 더 아프다. 민원은 또 어떤가. 줄어드는 법이 없다. 파도처럼 쉴 새 없이 밀려온다. 정치권력은 갈수록 세지고 언론은 끈질기다. 기술은 거대한 태풍을 예고한다.

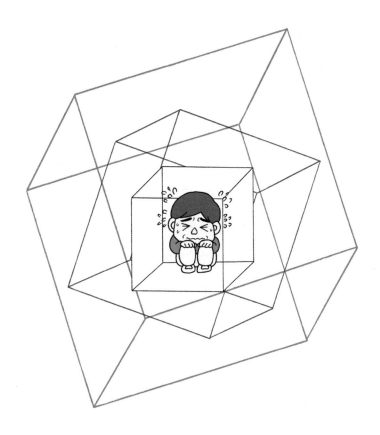

공무원 사면초가 (그림 3)

눈 씻고 찾아봐도 우군은 없다. 결탁의 손을 내미는 자들은 배신의 칼을 등 뒤에 숨기고 다닌다. 각종 수당, 연금 수혜자들도 고마워하기는커녕 부족하다고 불만을 늘어놓는다. 상대적으로 우호적인 노인들도 물꼬 터진 복지에 올라타 "고!"를 외친다. 공무원은 늘릴수록 더 부족해지는 복지 예산의 역설 앞에서 망연자실한다. 전철이 새로 생겨도 칭찬 대신에 전철역에 환승주차장이 너무 작다거나 버스 노선이 연계되지 않는다는 민원에 직면한다.

한편 시간은 공무원 편이다. 권한을 꽉 움켜잡고 버티는 한 안전하다. 아무리 시민의 눈높이가 높고 정치권력이 세고 언론이 끈질겨도 뒷심을 발휘한다. 경쟁자가 없다. 독점자로서의 지위를 즐길 수 있다. 월급은 충분히 오르지 않아도 나오긴 나올 것이다. 시위대가 몰려와도 청사 안은 안전하다. 뇌물수수 같은 일만 저지르지 않는 한 정년까지 갈 수 있다. 그게 30년에 이른다. 우여곡절이 있더라도 최후의 승자가 될 수밖에 없다. 사회변동은 어제 오늘의 일이 아니다. 영향을 받은 적은 있지만 무너지거나 줄어든 적은 없다. 특히 버티거나 늘리는 기술은 압권이다. 사람들은 공무원을 비난하다가도 아쉬운 게 있으면 공무원부터 찾는다.

시민은 수준이 높아졌지만 거꾸로 공무원의 눈높이에 맞춰야 한다는 생각도 한다. 겉으로는 손가락질을 해도 속으로는 부러워하는 마음도 있다. 권력은 시장으로 넘어갔는지 모르지만 권한은 공무원의 손 안에 그대로 있다. 오히려 예전보다 커졌다. 정치권력은 호들갑을 떨지만 뭔가를 하려면 공무원의 손을 잡아야 한다. 국민이 보는 앞에서는 공격을 퍼부어도 뒤로는 부탁하기 바쁘다. 언론은 질겨졌는지 모르겠지만 참여자 수가 지나치게 늘어 파이를 나눠야 한다. 그런데 그 파이는 공무원이 제공한다.

결국 공무원이 최후의 승자인가. 시민이나 정치권력은 일시적인 승리만 가능한가. 예전에는 그랬다. 그러나 이제 아니다.

지금의 공무원 사회는 지금의 남성 사회 같다. 남성은 귀가하면 텔레비전만 볼 수 없다. 방 청소나 분리수거는 기본이고 때로는 빨래나 밥도 해야 한다. 저녁 회식자리에서도 음주를 줄인다. 예전처럼 2차로 3차로 달려가지 않는다. 적잖이 바뀌었다. 그러나 정말 바뀌었을까. 남성이 거드는 일이 느는 것 같은데도 가사분담 시간은 늘지 않았다. 부인 일을 도와준다고 생각하지 내 일이라는 개념은 없다.[179]

여성보다 삶의 보폭이 좁다. 술은 줄였지만 소설 읽고, 뮤지컬 찾고, 전시회를 찾지는 않는다. 문화 시장은 여전히 여성 고객으로 유지된다. 학력을 역전당한지 10년이 되어가는 데도 따라갈 생각은 하지

---

179) 『82년생 김지영』 P.144. 김지영은 외친다. "그놈의 돕겠다는 소리 좀 그만할 수 없어? 살림도 돕겠다, 애 키우는 것도 돕겠다, 내가 일하는 것도 돕겠다, 이 집 오빠 집 아니야? 애는 오빠 애 아니야? 그리고, 내가 일하면, 그 돈은 나만 써? 왜 남의 일에 선심 쓰는 것처럼 그렇게 말해?"

않는다. 해외여행마저 적게 간다. [180] 그저 음주, 정치, 스포츠, 부동산 등 몇 가지를 탐닉할 뿐이다.

여성의 학력이 남성의 학력을 추월한 2009년은 하나의 기점이다. 남성은 그것을 과소평가하지만 결국 학력의 차이에 발목을 잡힐 것이다. 여자 대 남자의 일자리 점유율이 4:6으로 좀처럼 변하지 않고 임금 격차도 OECD 국가 중 1위다. 하지만 마침내 변화는 오고야 말 것이다. 남성들은 연고주의와 연령주의로 무장한 채 '형님, 동생이라는 끈적거리는 네트워킹'으로 자신들의 세상을 유지하고자 한다. 이야말로 지대행위가 아니면 뭐란 말인가. 하지만 거대한 흐름은 막을 수 없다. 동굴 속에 갇힌 자는 미래를 잉태할 수 없다. 유리천장 [181]은 깨지고 밤의 질주에 제동이 걸릴 것이다. 다만 지체될 수 있을 뿐이다.

공무원 사회는 어떤가. 여전히 문서나 회의면 다 되는 것처럼 거기에 매달린다. 당연히 현장에 나갈 시간이 없다. 하향식 의사결정만 있고 소통과 토론은 글자로만 있다. 모든 게 윗사람의 뜻에 따라 움직인

---

180) 한국문화관광연구원에 의하면 2017년 여성 출국자는 1천2백45만 명으로 남성 출국자 1천2백38만 명을 추월했다.
181) 경향신문, 2018.4.23. 영국 이코노미스트에 따르면 남성들의 부쩍 늘어난 불평과는 달리 한국의 유리천장지수는 29개 조사대상국 중 꼴찌다.

다. 인사는 그 많은 지적에도 순환보직의 틀에서 벗어나지 못한다. 업무가 복잡해져 이를 알기도 전에 떠나는 꼴이다. 부처·부서·직렬 할거주의도 그대로다. 통합과 협업은 듣기 좋은 수사에 그친다. 몸집은 줄어드는 법 없이 늘어만 간다. 성비가 바뀌고 스펙이 달라졌지만 일하는 방식은 별반 달라진 게 없다. 그런데도 위기의식은 느껴지지 않는다.

하지만 세상의 변화는 거침없다. 한국사회는 그 최고치다. 국민이 바뀌고 기술이 바뀌는 데 공무원 사회만 그대로일 수 없다. 뜻밖의(?) 평온은 위기의 징후로 읽힌다. 화려한 과거는 정말로 과거가 되었다. 미적지근한 변화는 변화가 아니었다. 과거를 되새기고 작은 변화에 만족하는 사이 공무원 사회의 외벽에 균열이 가기 시작했다. 미세하던 균열은 어느덧 칼바람이 밀고 들어올 만큼 벌어졌다. 이제는 '공무원 패싱'을 걱정할 처지가 되었다. 주역에서 조력자도 아닌 배달꾼으로 전락하기 직전이다.

그렇다고 이 악문 채 허리띠 매고 예전처럼 돌아갈 수 없다. 그런 자리는 없어졌다. 개념 없이 나대는 공무원은 꼼짝 않는 공무원만큼 민폐다. 자리를 다시 잡아야 한다. 어느 자리이어야 하는지는 동태적 관점에서 봐야 한다. 포괄적 복종 의무, 순환 보직제 등에 대한 제도적 개선이 필요하다. 이와 더불어 영혼과 식견의 정립, 문화와 의식의 변화가 수반되어야 한다. 그게 없다면 끝없이 주변으로 밀릴 수밖에 없다. 아직도 도도한 흐름을 읽지 못한다면 주변인이 되어도 할 말이 없다. 다행히 희망적인 징후가 보인다. 여성이 늘면서 남성 중심 문화가 시들하다. 밤에 몰려다니지 않거나 육아휴직을 신청하는 남성이 는다. '칼퇴'하는 직원이 는다. 양복이 줄고 청바지가 눈에 띈다. 변해야 하고 변할 수밖에 없다.

"나의 꿈은 왕조를 바꾸는 것이 아니라 위민 정치네. 백성들이 잘 사는 나라를 만들기 위해 신권 정치를 해야 한다는 것일세. 백성을 따르는 정치를 해야 하네." [182)]

거슬러 올라가면 신권정치가 존재했다. 조선의 개국공신 정도전은 어떤 나라가 되어야 하는가를 고민했고 결론적으로 신권정치를 설계했다. 사헌부, 사간원, 홍문관 등 언론 삼사가 왕과 의정부를 견제하며 삼사의 관헌 추천권을 이조전랑에게 맡기게 했다. 생산력이 떨어지는 조선이 500년간이나 유지된 이유가 이것 덕분이라는 주장이 있다. 영정조의 왕권 강화로 견제장치가 무너짐으로써 조선이 급격히

---

182) 이수광, 『정도전』, 샘앤파커스, 2010, pp.213~214.

몰락했다고 본다. 영조는 1741년즉위17년 이조전랑의 통청권과 예문관의 검열을 없애버렸다. 정조는 언관의 발언권을 제한하거나 금령을 내려 언로 자체를 막아버렸다. [183] 그 후 세상은 여러 번 바뀌었다. 관료에 의한 국정 운영은 바람직하지도 가능하지도 않다. 그러나 예나 지금이나 권력 집중의 폐해가 국민에게 돌아간다는 점에서 권력의 견제와 균형이 필요하다. 여기에 공무원 사회가 한 축으로서 기여할 수 있다는 점은 여전히 유효하다.

　두 사람은 고개를 돌리고

　조금 전까지만 해도 그들의 행복한 처소였던

　낙원의 동쪽을 쳐다본다. 그 위에서는

　불칼 흔들리고, 문에는 무시무시한 얼굴과 불의 무기

　가득하다. 그들은 자기도 모르게 눈물 흘렸으나,

　곧 닦는다. 그들 앞에는 안식의 땅 택하도록 온 세계가

　전개되어 있다, 그들의 안내자는 섭리

　두 사람은 손을 맞잡고 방랑의 걸음 무겁게,

　에덴을 지나 그 쓸쓸한 길을 간다. [184]

---

183) 박현모, 『정조 사후 63년』, 창비, 2011, pp.90~92.

184) 존 밀턴, 『실낙원』, 일신서적출판사, 1988, p.482.

낙원은 더 이상 없다. '그냥 공무원'에게 '그냥의 현실'이 있을 뿐이다. 그런데 그냥의 현실은 녹록치 않다. 수시로 변하고 까다롭기 끝없다. 그 와중에 흔들리지 않겠다면 중심을 잃기 쉽다. 오히려 줄타기처럼 흔들림을 받아들여야 중심을 잡을 수 있다. 흐름을 타며 중심을 잡는다면 전진과 리듬을 맛볼 수 있어 그 길이 쓸쓸하지만은 않을 것이다. 우리가 어떤 공무원인가.

서점순의 배신, 그 양면성의 패러독스

대한민국에서 공무원으로 산다는 것

초 판 1쇄 2018년 09월 20일

지은이 이진수
펴낸이 류종렬

펴낸곳 미다스북스
총 괄 명상완
에디터 이다경

등록 2001년 3월 21일 제2001-000040호
주소 서울시 마포구 양화로 133 서교타워 711호
전화 02) 322-7802~3
팩스 02) 6007-1845
블로그 http://blog.naver.com/midasbooks
전자주소 midasbooks@hanmail.net

© 이진수, 미다스북스 2018, *Printed in Korea.*

ISBN 978-89-6637-605-6 03190

값 15,000원